やさしい心を育てる

日本の神話

伊東利和

幻冬舎

―もくじ―

イラスト　桑原美紀
本文デザイン　斉藤直樹
装丁　幻冬舎デザイン室

やさしい心を育てる
日本の神話

第一話　国生み

日本は北から南へかけて、北海道、本州、四国、九州そして沖縄など約六千八百の島々からなりたっています。

日本の古くからの言い伝えによれば、これらの島々は最初からあったのではなくて、ふたりの神様が産んだ子どもと言われています。ひとりは男の神様で「イザナギ（伊《イ》邪那岐命《ザナギノミコト》）」と言い、もうひとりは女の神様で「イザナミ（伊邪那美命《イザナミノミコト》）」と言います。

ある日、イザナギとイザナミのふたりが天《あめ》の浮橋《うきはし》（虹）を歩きながら下の世界を見ておりました。しかし、ただミルクの色をした霧のようなものが立ち込めているほかには何も見えません。

そこでイザナギは天《あめ》の沼矛《ぬぼこ》という矛《ほこ》（武器の一種、長い柄《え》の先に大きな刃がついている）を霧の中に突き刺すと、底に海があることがわかりました。イザナギは海の水を矛《ほこ》の先で、グルグルとかき回してみました。そして、矛《ほこ》をぬっと引き戻すと、その先から塩水がポタリポタリと、したたり落ちてゆきました。そのしずくの落ちたあたりから、「こおろ、こおろ……」というきれいな音が聞こえ始めましたので、見ていますと、たれた塩水がこり固まって島ができました。

「あっ、島ができた」と、イザナギが声を上げます。

「本当だ……。『こおろ、こおろ』という音を立ててできた島だから『おのころ島』ね」と、イザナミは島に名前までつけてしまいました。


イザナギは自分が矛《ほこ》を使ってつくった島なのに、となりで見ていたイザナミに島の名前を先につけられてしまったのでちょっと不満ではありましたが、気を取り直して言いました。

「これから、あの島に行ってみよう」

「そうね、行きましょう」

ふたりの神様は、天《あめ》の浮橋《うきはし》から大海原にポツリと浮かんだおのころ島に降りていきました。

イザナギとイザナミ結婚する

おのころ島に降り立ったふたりの神様は、力を合わせて天までとどく大きな柱を、島の真ん中に立てはじめました。その柱の名を『天《あめ》の御《み》柱《はしら》』と言い、これは天と下界を一つにつなげるものです。これをつくるのは大変な仕事でしたが、ふたりの神様はせっせと働いて、何とか完成することができました。

完成した柱の周りには御殿もつくりました。すると、とても居心地がよくなったので、ふたりは島で仲よく遊んでいました。

ふたりがおのころ島で過ごすようになって何日かした時のことでした。イザナギは前から気になっていたことを、イザナミに聞いてみることにしました。それは、ふたりのからだつきにどうも違いがあるということでした。イザナギはガッチリとしていますが、イザナミはやさしく丸みをおびたからだつきをしています。

「君のからだは、どんなふうになっているの？」

イザナミは、イザナギのからだと自分のからだとを見くらべてから、答えました。

「私のからだになくて、あなたにあるところがありますね」

すると、イザナギも自分のからだとイザナミのからだを見くらべてから言いました。

「たしかに、僕にはあって、君にないところが一カ所あるね。不思議だ……」

ふたりが気づいたのは『オチンチン』のことでした。なぜ、あったりなかったりするのか、ふたりにはわかりませんでした。


しばらく考えてからイザナギは言いました。

「とにかく、僕にはあるのだし、君にはないのだし、あるのとないのがいるんだから、これはお互いに仲よく助けあって生きていかなきゃいけないということではないのかなあ？」

それを聞いて、イザナミもウンウンとうなずきました。

「それでは、これから僕と君は結婚して仲よく暮らしていくことにしよう」

「エ～!?」

イザナミの顔は真っ赤になっています。その様子を見てイザナギは困ったように言いました。

「いやなの？」

「いやじゃないけど……。ちょっと恥ずかしいわ」

今までも一緒にいたのにあらたまって結婚しようと言われて、イザナミは恥ずかしがっているのです。


イザナギはふたりでつくった、天《あめ》の御柱《みはしら》を指さして言いました。

「それじゃ、きちんとプロポーズをするからね。いい？　この柱を君は右から回っていって。僕は左から回るから。ふたりが出会ったところでプロポーズするんだよ」

イザナミはウンとうなずくと、柱を右から回って歩いていきました。イザナギは柱を左から回って歩いていきました。

大きな柱なので、なかなかふたりが出会うまでに時間がかかります。イザナギもイザナミも、出会ったら何を言おうかと考えながら歩いていました。しかし、考えれば考えるほどポーッとなってしまいます。いよいよ、ふたりは柱の裏側で出会いました。

「まあ！　すてきな男の方！」

「わあ！　すてきな女の子だ！」

ほとんど同時にプロポーズの言葉を言いましたが、女のイザナミの方が男のイザナギよりちょっと早く声をかけました。イザナギは男から先にプロポーズしたいと思っていたので、イザナミに先に言われてしまって、ちょっと残念でしたが、まあいいかと思いました。

こうして正式にプロポーズできたので、ふたりは仲よく肩を抱きあって御殿に入っていきました。

プロポーズのやり直しをする

ふたりが結婚してしばらくすると、イザナミは子どもを身ごもりました。ふたりは大喜びで子どもが生まれるのを待っていました。しかし、生まれた子どもは水蛭子《ヒルコ》といって、目も鼻も口も手も足もない子どもでした。

ふたりは泣きながらこの子を葦船《あしぶね》に乗せて海に流しました。

その後もイザナミは子どもを身ごもりましたが、生まれたのは淡島《アワシマ》という、とても弱弱しい子どもでした。

水蛭子《ヒルコ》も淡島《アワシマ》も、生まれはしたものの育ちませんでした。

どうして丈夫な子どもができないのだろうと、ふたりは話しあいましたが、原因はわかりません。そこで、ふたりは、宇宙の中心にいる大神様のアメノミナカヌシ（天《アメ》之《ノ》御《ミ》中主《ナカヌシ》神《ノカミ》）におうかがいを立てました。

アメノミナカヌシは、ふたりから悩みを聞いて占いをしました。そして、占いの結果を見て言いました。

「女から先にプロポーズしたことがよくなかったらしい。プロポーズをもう一度やり直しなさい。その時には、必ず男の方から先にプロポーズするように！」

ふたりは大急ぎでおのころ島に戻り、天《あめ》の御柱《みはしら》を回ってプロポーズをやり直しました。

「わあ、すてきな女の子だ！」

「まあ、すてきな男の方！」

今度は男のイザナギが先に、プロポーズの言葉を言いました。

それからすぐにイザナミは身ごもって、次々に子どもたちを産みました。
生まれた子どもは次の順番です。
淡路《アワジ》の穂《ホ》の狭別《サワケ》の島《シマ》（現在の淡路島）
伊予《イヨ》の二名《フタナ》の島《シマ》（現在の四国）
隠岐《オキ》の三《ミ》つ子島《ゴジマ》（現在の隠岐諸島）
筑紫《ツクシ》の島《シマ》（現在の九州）
伊伎島《イキノシマ》（現在の壱岐）
津馬《ツシマ》（現在の対馬）
佐渡島《サドノシマ》（現在の佐渡島）
大倭《オオヤマト》　豊秋津《トヨアキツ》島《シマ》（現在の本州）

この八つの島は先に生まれたので、『大八島《オオヤシマ》』と呼ばれるようになります。
その後もイザナミはどんどん島や半島を産んで、だんだんと日本の国土が形づくられてゆきました。

神々の誕生

国土が形づくられた後も、イザナミは子どもを身ごもりました。今度は次々と神々が誕生しました。

石、土、砂の神々
家屋の神々
海、川の神々
風の神
木の神
山、野の神々

空を飛ぶ船の神　（天鳥船《アメノトリフネ》）
食べ物をつかさどる神　（大宜都比売《オオゲツヒメ》）
火の神々

イザナギもイザナミも大喜びで子どもたちを育てました。将来、この神々からまた子どもが生まれて、八百万《やおよろず》の神々が誕生するのです。

しかし、イザナミが火の神であるヒノカグツチ（火之迦具土神《ヒノカグツチノカミ》）を産んだ時に、大やけどを負ってしまいました。そして、そのやけどがもとで病気になってしまいました。

イザナミはだんだんからだが弱っていきました。しかし、最後の力を振り絞ってさらに子どもをつくりました。

口から吐《は》いたものから『鉱山の神』が生まれました。おもらししたウンコから、土器をつくるための『粘土の神』が生まれました。おしっこからは『農業の灌漑用水《かんがいようすい》の神』と『産業の発展を司る《つかさど》神』が生まれました。イザナミが自分の命《いのち》と引き換えに産んだ神々は、地上の人々が生きていくために必要な火、金属、土器、農業用水、産業の神々でした。

そして、今度は『産業の発展を司《つかさど》る神』が子どもを産みました。生まれたのは『豊《ほう》穣《じょう》（労働により得られる食べ物などの恵み）の女神』のトヨウケヒメ（豊宇気毘売《トヨウケヒメノ》神《カミ》）でした。

孫のトヨウケヒメの立派な姿を見て、イザナミは病気の苦しさで目にいっぱい涙を浮かべながらも、ニッコリと笑いました。これで、自分が死んでも、残された神々や人々が幸せに暮らしていけると思い、安心したからです。

そして、イザナミは静かに息を引き取りました。

イザナギ、黄泉《よみ》の国にイザナミを連れ戻しに行く

イザナミを必死で看病していたイザナギは泣き叫び、横たわるイザナミの枕の方で腹《はら》ばっては泣き、足元に腹《はら》ばっては泣いていました。しかし、いつまでもそうしているわけにはいきません。イザナギは泣きながら、イザナミを出雲《いずも》の国（現在の島根

県）と伯耆《ほうき》の国（現在の鳥取県）の国境の比婆《ひば》の山（現在の広島県庄原市）に葬《ほうむ》りました。

イザナギは怒り狂っていました。いとしいイザナミが死んだのが、ヒノカグツチのせいだと思ったからです。そして、とうとう恐ろしいことにイザナギは、自分の腰につけていた神剣『十拳剣《とつかのつるぎ》』を抜くと、わが子ヒノカグツチをバラバラにちょん切ってしまったのです。

すると、流れた血からは、タケミカヅチ（建御雷神《タケミカヅチノカミ》）をはじめとする刀剣と刀鍛冶《かたなかじ》（刀剣を作る技術）の神々が、からだの部分からは山の神々が生まれました。

怒りにまかせてわが子ヒノカグツチを切ってしまっても、死んでしまったイザナミは戻ってきません。イザナギは、ヒノカグツチを切ってしまったことを後悔しました。そして、ヒノカグツチの血とからだの部分から生まれた新しい神々を大切に育てました。

月日がたってもイザナギは、イザナミを忘れることができませんでした。そして、ある決心をしました。それは死んだ者が行くという黄泉《よみ》の国に行って、イザナミを連れて帰ってくるということです。

イザナギは黄泉《よみ》の国の入口の閉ざされた扉をこじ開けて、暗い道をどんどんと地の底深く歩いていきました。

黄泉《よみ》の国に入ってから、いったいどれだけたったことでしょう。イザナギは長い長い時間、黄泉《よみ》の国中を歩き回りイザナミを探しました。そして、やっと黄泉《よみ》の国の住人となっていたイザナミを見つけだしました。

「イザナミ、僕のいとしい妻イザナミ。まだ、僕たちは世界をつくり終えていないよ。さあ、一緒に地上に戻ってまた仲よく暮らそうよ」

イザナギは、イザナミを抱きしめて言いました。すると、イザナミは悲しげに答えました。

「残念ですが、遅すぎましたわ」

「どうして!?」

おどろくイザナギをイザナミは見つめて言いました。

「私はもう、黄泉《よみ》の国の甕《かめ》で調理した食べ物（黄泉戸喫《よもつへぐい》）を食べてしまったのです。これで、私は完全に黄泉《よみ》の国の住人になってしまい、もう地上には帰れないのです」

しかし、イザナギはどうしてもあきらめません。何度も何度もイザナミに地上へ戻るように言います。イザナミは困った顔をして言いました。

「いとしいイザナギ様。無理だとは思いますが、せっかくあなたがこんなに穢《けが》れた世界にまで私を迎えに来てくれたのです。私が帰れるかどうか、黄泉神《ヨモツカミ》に相談してみます」

それを聞いてイザナギは喜びましたが、イザナミは悲しげな顔をして言いました。

「それでは、私はこれから黄泉《よみ》の宮殿の奥に入ります。いいですか、私がここに戻るまで、宮殿の中に入ってはいけませんよ。私の姿を見てはいけませんよ」

そう言うと、イザナミは黄泉《よみ》の宮殿の中に入っていきました。イザナギは心配そうにイザナミの後姿を見送りました。

イザナギ、黄泉《よみ》の国の真実を知る

「遅いな……。いったいどのくらい待たされるのだろう？」

イザナミが宮殿の奥に入ってから、とても長い時間がたっていました。

イザナギはだんだん心配になってきました。

「どうしたことだろう。黄泉神《ヨモツカミ》との話し合いが長引いているのかな。まさか、地上に帰りたいと言ったので、ひどい目に遭《あ》わされているんじゃないだろうな!?」

「宮殿の中に入ってみようか……」

イザナミの「宮殿の中に入ってはいけませんよ。私の姿を見てはいけませんよ」という言葉を思いだしましたが、もうがまんができないほど時間がたっていました。

「よし、行こう!」

イザナギは思い切って黄泉《よみ》の宮殿の中に入っていきました。


宮殿の中は真っ暗です。イザナギは髪に刺していた櫛《くし》を手に取ると、櫛《くし》の歯をひとつ折って、それに火をともしました。それはとても小さな灯りではありましたが、真っ暗な宮殿の中をぼんやりと照らしました。

そして、奥の部屋の扉の隙間《すきま》から中を見ると、だれかが横たわっているのが見えました。

「うっ、ウワ〜！」

横たわっている人影をよくよく見たイザナギは、恐怖で叫び声を上げました。

イザナギが見たものは、イザナミの変わり果てた姿だったからです。

イザナミのからだは腐っていて、ウジ虫もわいています。そして、頭、胸、お腹、股、左手、右手、左足、右足にそれぞれ雷神《イカヅチガミ》が巣くっています。それはそれは恐ろしい姿だったのです。

「見てしまったのね……」

イザナミはイザナギを見るとうらめしそうに言いました。

「黄泉《よみ》の住人の本当の姿を見てしまった以上、あなたは生きて地上に帰れなくなりました。あなたは生きている者がしてはならない、黄泉《よみ》の国の禁忌《きんき》（タブー、絶対にしてはいけないこと）を破ってしまったのよ」

イザナギ、亡者どもに追われる

イザナギはイザナミがいる部屋から後ずさりしました。そして、気がつくと静かだった黄泉《よみ》の国中が騒がしくなっていました。

「いとしいイザナギ様……。黄泉《よみ》の国の亡者たちが、あなたをとり殺そうと集まってきていますよ」

イザナミのこの言葉に、イザナギは恐れおののきました。そして、イザナギは大急ぎで宮殿から飛びだしました。

すると、来るわ、来るわ、恐ろしい姿をした黄泉《よみ》の国の亡者どもが、大声で何かを叫びながら、イザナギに向かって走ってきます。

イザナギは悲鳴を上げながら逃げだしました。

イザナギは必死で走るのですが、亡者たちは信じられないくらいの速さで追ってきます。

まず、近づいてきたのが黄泉醜女《よもつしこめ》という化け物女たちです。もう、一歩で捕まるというところで、イザナギは黒御鬘《くろみかづら》という髪飾りを投げ捨てました。その髪飾りは地面に落ちると、たちまちブドウに変化しました。すると化け物女たちは、イザナギに目もくれず、ブドウを食べ始めました。

　イザナギはその隙《すき》にどんどん逃げましたが、ブドウを食べ終わった化け物女たちにまた追いつかれてしまいました。そこで、イザナギは今度は櫛《くし》を投げ捨てました。櫛《くし》が地面に落ちると、そこにタケノコが生えてきました。すると化け物女たちは、タケノコを食べ始めました。

　化け物女たちからはこれで逃れられたのですが、今度はイザナミのからだに巣くっていた八つの雷神《イカヅチガミ》が、千五百の黄泉軍《よもついくさ》（黄泉《よみ》の国の兵士）を引き連れてイザナギを追いかけてきました。

　イザナギは腰の十拳剣《とつかのつるぎ》を抜くと、後ろ手で剣を振り回しながら逃げました。

　やっとのことで、黄泉比良坂《よもつひらさか》という黄泉《よみ》の国の出口に近いところまで逃げてきましたが、とうとう雷神《イカヅチガミ》たちに追いつかれてしまいました。

　これでもう万事《ばんじ》休すかと思ってふと見ると、坂の脇に桃の実がなっているのが見えました。イザナギは桃の実を三つもいで、雷神《イカヅチガミ》たちに向けて思いっきり投げつけました。すると、雷神《イカヅチガミ》も亡者も皆、黄泉《よみ》の国の奥に逃げ帰ってしまいました。

イザナギはホッとして一息つくと、桃の実に話しかけました。

「君のおかげで助かったよ。ありがとう。これからも地上の人々が苦しみ悩んでいる時には、今僕を助けてくれたように助けてあげてね。君は今からオホカムヅミ（意富《オホ》加牟豆美命《カムヅミノミコト》）という名前の神様だよ」

永遠の別れ

イザナギは黄泉比良坂《よもつひらさか》を上り、地上まで出てくると、人が千人でかからないと動かせないような大きな岩を持ってきて、黄泉《よみ》の国への道においてふさぎました。これで、もう黄泉《よみ》の国の亡者に追いかけられる心配はありません。

「イザナギ様……」

岩の奥から声が聞こえます。よく聞くとイザナミがイザナギを呼んでいるのでした。

「イザナミ……」

イザナギは岩に耳を当てながら、イザナミに声をかけました。イザナギは目を閉じました、すると生きていたころの美しいイザナミの姿が瞼《まぶた》の裏に浮かんできました。

「私のいとしいイザナギ様。これでお別れです。もうお会いすることはありません」

「イザナミ……いとしいイザナミ……」

イザナギは泣きながらイザナミの名を呼びました。

イザナミは悲しげに次のように言いました。

「イザナギ様。あなたは生きていながら黄泉《よみ》の国の住人の本当の姿を見てしまいました。これは、決してゆるされない重大な罪なのです。黄泉《よみ》の国の秘密を知ってしまったあなたが、生きたまま地上に帰ってしまった。それによって『死』もともに地上に出てしまいました。これからは毎日、千ずつの命《いのち》が地上から消えてゆくのです。せっかく私たちふたりでつくった地上の世界が滅んでしまいますわ……」

それを聞いてイザナギは言いました。

「それならば、地上では毎日、千五百の産屋《うぶや》を建てよう。これなら、ふたりでつくった世界が滅びることはないし、どんどん立派になっていくことだろう」

「それを聞いて安心しました。いとしいイザナギ様、それではさようなら……」

イザナミが黄泉《よみ》の国深くへと帰っていく気配を感じ、イザナギは泣きながら叫びました。

「約束を破らずに、君が黄泉神《ヨモツカミ》と地上に帰れるよう相談している間、がまんして待っていればよかったんだ！　君の黄泉《よみ》の国での姿を見なければよかったんだ！　僕のせいなんだ！」

「いいえ。死とはそういうものです。最初から私は戻ることはできなかったのです。私が地上に戻れないのは、あなたのせいではありません。でも、あなたが黄泉《よみ》の国まで私を探しに来てくれるなんて、とてもうれしかったわ。どうもありがとう……」

イザナミの声はだんだん小さくなっていきました。

イザナギは黄泉《よみ》の国への道をふさいだ大岩の前で、イザナミの名を呼び続けました。

この時まで神も人も命《いのち》あるものは、事故やけが、病気などで死ぬことはありましたが、何もなければ永遠に生き続けられたのです。しかし、この時を境に歳をとると、自然に死んでいくようになったのです。

イザナミから託された三貴子《さんきし》

イザナギはずいぶんと泣いていましたが、やっと気を持ち直しました。そして、ふと自分の姿を見ると、自分のからだが黄泉《よみ》の国の穢《けが》れ（汚れ、病気のもと、悪いもの）で汚れていることがわかりました。このままでは病気になって死んでしまいますし、地上に病気を流行《はや》らせてしまうことになります。

イザナギは禊《みそ》ぎ祓《はら》い（からだから汚れや病気のもと、悪いものを洗い流すこと）をしました。

まず、身につけていた汚れた杖、帯、袋、服、袴《はかま》、手纏《てまき》（腕に巻く装身具）を投げ捨てました。すると、そこに着いていた穢《けが》れとともに悪神たち（ワズライノウシノカミ：煩《わずら》いの神など）は逃げていきました。

次に、きれいな川の水につかってからだについた穢《けが》れを洗いました。すると、からだから垢《あか》が取れるのとともに悪神たち（ヤソマガツヒノカミ：禍々《まがまが》しさの神など）も逃げていきました。

「黄泉《よみ》の国とは何と恐ろしいところだ。ただ、その場所に行っただけでこれほどまでに恐ろしい死の神々にとりつかれるとは……」

イザナギはぞっとしました。


最後に、イザナギは顔を洗いました。どんなに恐ろしい神が出てくるだろうと、内心イザナギはドキドキしていました。

すると、何と驚いたことに立派な神様が三人現われたのです。

左目を洗うとアマテラス（天照大神《アマテラスオオミカミ》）が生まれました。アマテラスはそれはそれは美しく光り輝いていて、しかもとても暖かで、そばにいるだけで元気が出てくるようなすてきな神様です。

右目を洗うとツクヨミ（月読命《ツクヨミノミコト》）が生まれました。ツクヨミは清く光り輝く神様です。

鼻を洗うとスサノオ（建速須佐之男命《タケハヤスサノオノミコト》）が生まれました。スサノオはすべての神々の中で一番力強くたくましい神様です。

イザナギは三人の神様を見て叫びました。

「イザナミだ！　イザナミが僕に最後の子どもたちを託したのだ！」

イザナギは、黄泉《よみ》の国でイザナミを抱きしめた時のことを思いだしました。

「そうだ！　あの時にイザナミが僕のからだにこの子たちを託して、地上によこしたのにちがいない」


イザナギとイザナミが、この世界につくり終えていなかったものがありました。それはこの世を照らす光と、自然を動かす強力なエネルギーでした。この三人の貴い神が誕生したことにより、必要なものはすべてそろいました。この世を照らす光はアマテラスとツクヨミ、自然のエネルギーはスサノオです。こうして、ついにこの世界は完成したのです。

イザナギは三人の神様にそれぞれ役目を言いつけました。

まず、スサノオに向かって言いました。

「スサノオよ。お前は大地を揺るがし、岩をも砕《くだ》くそのすばらしい力で大海原《おおうなばら》を治めよ」

次に、ツクヨミを呼んで言いました。

「ツクヨミよ。お前は夜の世界を治めて、闇を明るく照らし、暗闇の恐怖からみなを救うように」

最後にアマテラスを呼びました。

「アマテラス。お前は本当に私のいとしい妻、イザナミそっくりだ」

そして、イザナミの形見《かたみ》の首飾りをアマテラスの首にかけてから言いました。

「お前は天界の高天原《たかまがはら》を治めよ。そして、この世界のすべての命《いのち》あるものを明るく暖かく照らし、そして育むのだ！」

その後イザナギは、淡海《おうみ》の多賀《たが》（現在の滋賀県犬上郡多賀町）のお宮（現在の多賀大社）に入って出てこなくなりました。イザナギは、イザナミが最後に自分に託した三人の立派な神に、世界の統治のすべてを任せて引退したのです。

また、イザナミは黄泉《よみ》の国の女王になり地底の世界を統治しました。

おまけのページ

日本の神話が始まりました。

第一話の『国生み』は、天界と海しかなかったこの世の中に、イザナギとイザナミの神様が力を合わせて地上世界をつくるお話です。しかし、世界が生まれてにぎやかになるのと同時に、死と亡者が住む黄泉《よみ》の国も生まれてしまうという、とてもショッキングなお話です。

死というのは、とても恐ろしいことです。しかし、死が恐ろしいのと同じくらい、限りある命《いのち》を大切に生きるということのすばらしさを、このお話は教えてくれています。

親（イザナギとイザナミ）は子どもを産み育て、しかも自分の命《いのち》と引き換えに、その子たちが困らないように、国土、太陽（アマテラス）や月（ツクヨミ）や自然界のエネルギー（スサノオ）を残しました。そして、さまざまな生活に必要な資源や技術

（火、金属、土器、農業、産業）を残しました。親が死んだ後もこれらの遺産の恩恵を受けて子どもたちはすくすくと育つでしょう。そして、その子どもたちがそれらの自然や資源、技術を大切に受け継いでいけば、その次の世代の子どもたちもすくすくと育つことができるでしょう。

このお話は「命《いのち》は死んじゃって終わり」と言っているのではなくて、「命《いのち》は親から子に引き継がれるもの。また、国土、自然、資源、技術（文化）は、その子たちの未来のために親が自分の命《いのち》に代えても守るべきもの」と言っているのです。そこには、限りある命《いのち》の私たちにとって「生きるとは何か」「よりよく正しく生きることの大切さ」「大切なものを守るためには命《いのち》をもかける勇気」といった大事なことが含まれているのです。

日本の神話は、今から約千三百年前に『古事記』や『日本書紀』という本に書き記されたものです。しかし、お話自体はそれよりもずっと昔から、日本人が親から子へ語り継いできたものなのです。今、みなさんは「こんな話がある」と覚えておくくらいでよいです。でも大人になって、みなさんに子どもができたらぜひ、このお話を思いだして自分の子どもたちに話してあげてほしいと思います。

第二話　天《アマ》照《テラス》大《オオ》神《ミカミ》と須《ス》佐《サ》之《ノ》男《オノ》命《ミコト》

日本には八百万《やおよろず》の神々といって、たくさんの神様がいます。中でもお姉さん神のアマテラス（天照）と弟神のスサノオ（須佐之男）は、ほかの神様たちから一目おかれていました。

アマテラスは、明るく美しい女神です。アマテラスが現れると、草木や動物たちはみな元気になり、また、病気や変な虫が発生することもなくなり、泥棒などの悪いことを考える人もいなくなります。

スサノオは、大地を揺るがすほどの力を持った男神で、怒らせると地震や大津波を起こす恐いところがありますが、ふだんはとても頼りがいのあるたくましい神様です。

イザナミの死とイザナギの隠居

　ある日、イザナギは神々の中でも優れた素質を持つ、アマテラスとスサノオを呼んで次のように言いました。

「わしはお前たちの母さんのイザナミとふたりで力を合わせて、この世界をつくり大きくしてきた。しかし、お母さんは死んで黄泉《よみ》の国に行ってしまい、もうわしひとりになってしまった。こうなっては、もうこの世界をこれ以上大きくすることはできない。そこで、世界を大きくする仕事はわしの代でやめにして、あとはこの世界を豊かにすることに力をつくすことにしたい」

　アマテラスとスサノオは黙ってお父さん神の話を聞いているようでしたが、実はお母さんが亡くなってしまったので、ショックのあまりボーッとしてあまりよく聞いていなかったのです。そうとは知らずにイザナギは続けます。

「そこでだ。わしはもう隠居するので、お前たちふたりにこの世界を分けて、それぞれ任せるから、後はよろしくたのむ」

「え〜!?」ここまで聞いてわれに返ったアマテラスとスサノオは、おどろいて声を上げました。そして、あわててアマテラスが言いました。

「とうさま。とうさまとかあさまがおつくりになったこの広い世界に八百万《やおよろず》の神々やたくさんの命《いのち》が暮らしておりますのを、急に任せると言われてもまったく自信がありません。見てください。スサノオなんか、かあさまが亡くなってしまって、このとおりボーッとしているんですよ。」

「何言ってんだい！　姉さんこそボーッとしてたじゃないか」

「してないわよ」

「してたよ」

イザナギはふたりを制止してから、自分たち夫婦が天から下界に降りてきて、この世界をつくるまでの苦労話を失敗談も含めて話しました。

「……というわけで、お父さんもお母さんも何も知らないところから、ふたりで力を合わせてこの世界をつくったのだ。お前たちも力を合わせれば上手《うま》くやれるはずだ」

「……」

ふたりが黙っていたので、イザナギは続けてこう言いました。

「まず、天界はアマテラスが治める。そして下界はスサノオが治めること。お前たちなら立派にやれるだろう。後は任せたぞ」

そう言ってイザナギは、淡海《おうみ》の多賀《たが》（現在の滋賀県犬上郡多賀町）のお宮（現在の多賀大社）に入って人前に出てこなくなりました。

スサノオ、大泣きする

お母さんは亡くなり、お父さんも突然隠居してしまい、アマテラスとスサノオはぼう然としてしばらくその場に突っ立っていました。しかし、いつまでもこうしているわけにもいきません。

「スサノオ。私はこれからすぐに天界に行き、星の動きや季節、天候の管理を始めます。お前もすぐに下界で山や海の生き物たちが仲よく暮らしていけるように管理しなくてはいけません」

「姉さん、もう行っちゃうの？」

「……」

アマテラスは無言でうなずきます。本当はアマテラスも弟と別れたくはありません。しかし、お互いに別々の仕事を言いつけられた以上、一緒にいることはできません。

スサノオはアマテラスが天界に去ろうとしているのを知って、涙があふれでる寸前ではありましたが、ここで泣くのはかっこ悪いと思いじっとこらえていました。

「じゃ、スサノオ、私もう行くよ」と言って、アマテラスは天《あめ》の浮橋《うきはし》を歩いて天に昇っていきました。

泣くのをがまんしていたスサノオではありましたが、雲の彼方にアマテラスがだんだん小さくなると、とうとう涙があふれてきました。涙があふれるとともに泣き声も次第に大きくなり、アマテラスがまったく見えなくなるころには、大地にひっくりかえって、ばたばた転げ回りながら泣いているような状態でした。

アマテラスが去ってからずいぶん日がたちましたが、スサノオは泣き続けていました。しかし、大地を揺るがすほどの神様が大泣きすれば、どのようなことが起きるのでしょう。実際にとんでもないことになっていたのでした。

本来、泉となって流れる水はすべてスサノオの涙となってしまったので、大地はカラカラに乾いてしまい、草や木は枯れてしまいました。大声で泣き叫ぶので突風が吹き荒れます。地団駄《じだんだ》踏んで暴れるので地震や津波が起こります。地上も海の底ももうめっちゃくっちゃです。

とはいえ、地にも海にも、スサノオをおとなしくすることができる力を持った神も生き物もいませんので、スサノオが自分で泣きやむのをみなでじっと待つ以外ありませんでした。

ある日、ピタリと突風と地震はおさまり、下界はシーンと静まりかえりました。おそるおそる、地面の割れ目や深い海の底に隠れていた神々や生き物たちが顔を出してあたりの様子を見ます。

「とうとうスサノオ様が泣きやんだようだ」

「バンザイ、バンザイ！」

「よかった、よかった！」

「これで以前の頼りがいのあるスサノオ様に戻ってくれれば、下界も安泰《あんたい》だ」

と、みなが喜んでいる時にだれかが気づきました。

「スサノオ様がいないぞ」

「何？」

そうなのです。下界のどこを探してもスサノオがいないのです。

「大変だ！」

「スサノオ様以外に下界を治めることのできる者はいない。この世界は大混乱になってしまうぞ」

「わ〜！」それを聞いてみなパニック状態です。

スサノオはいったいどこへ行ってしまったのでしょうか？

スサノオ、天界に行く

そのころ、スサノオは天《あめ》の浮橋《うきはし》を天界に向かって歩いていました。

「もう、ひとりは嫌だ。死んでかあさまのいる黄泉《よみ》の国に行こう」と、スサノオは決めていました。

「死んだら、姉さんに会えなくなる。その前にもう一度姉さんに会って別れのあいさつをしよう」

姉さんに会えなくなると思うと悲しさがこみ上げてきますが、「そう決めたのだ」と、自分に言い聞かせると、態度だけは勇ましく、しっかりと足を踏みしめて歩いていきました。


ドシン……ドシン……。


不気味な音と振動が天界をふるわせていました。

「何事?」

アマテラスが、高天原《たかまがはら》(天界の宮殿)の玉座にしがみつきながらほかの神々に聞きました。

「大変でございます。スサノオ様が恐ろしい形相《ぎょうそう》で、天《あめ》の浮橋《うきはし》を渡って天界に向かってきております」

スサノオが来ると聞いてアマテラスはうれしい気持ちになりましたが、まわりはあわてています。

「私の弟が来るのに、みなは何をあわてているの？」

「アマテラス様。のんきなことを言っている場合ではございませんぞ」

「そうです。あの形相《ぎょうそう》といい、あのえらそうな態度といい、どう考えても天界に攻めてきたとしか考えられません。」

「はぁー？　なぜ弟が攻めてくるのよ」

「父上のイザナギ様が世界を二つに分けて、アマテラス様とスサノオ様に託されましたが、多分スサノオ様は下界だけではあきたらず、天界も自分のものにしようとしているのでしょう。いや、そうにちがいありません」

「とにかく、アマテラス様には戦いの準備をしてもらいます。みなの者、鎧《よろい》と武器を持て〜」

「はは〜！」

「ちょっと、待って……」とアマテラスが止める間もなく、侍女の女神たちが取り囲んで、鎧《よろい》を着せ、武器を装備させ、髪を男のように結い始めてしまいました。

たしかに、スサノオの形相《ぎょうそう》は恐ろしく見えました。しかし、本当は姉に別れのあいさつをすることを思うと、悲しくて泣きたいのを無理して強がってみせていたために、変な顔になっていたのでした。

アマテラスとスサノオ、にらみあう

天界への入口に天《あめ》の真名井《まない》（天の川のこと）という川が流れています。天の神々はそこでスサノオを迎え撃つことにしました。

アマテラスは「何か大げさね」と思っていましたが、スサノオの形相《ぎょうそう》が見え、また地鳴りのような足音が近づいてくるとだんだん不安になってきました。

「本当に攻めてきたのかしら。まさかね……」

ついに、スサノオが川の対岸に達しました。そして、川に足を踏み入れようとしたその時、アマテラスが大きな声で言いました。

「ちょっと待って。スサノオ、あなた何しに天界に来たの？」

スサノオはアマテラスに再会できたうれしさににっこり笑って手を振り、「姉さん。元気だった？」と声をかけてきました。

アマテラスは弟の笑顔を見て、少し安心しました。しかし、まわりでは天の神々が小声で、「われわれを油断させようとしてるんじゃないか」と言いあっています。

「アマテラス様、油断はなりませんぞ。何しろ先ほどまでのスサノオ様の形相《ぎょうそう》、歩き方などの態度からみて怪しいことこの上ありません」

そこで、アマテラスはスサノオにたずねました。

「あなたは、とうさまから下界を治めるように言いつかっていたはずです。何で天界に来たの？」

それを聞いてスサノオはハッとしました。泣いてばかりいるうちに、下界を治めなさいという父神の言いつけを、まったく忘れてしまっていたからです。アマテラスから言われて今思いだしたのです。今さら、今思いだしましたとは恥ずかしくて言えません。顔を真っ赤にして、口を真一文字に結んで押し黙ってしまいました。

「……」

スサノオが答えないことから、天の神々がざわざわと話し始めました。

「やはり、スサノオ様は天界をのっとりに来たにちがいない」

「戦争だ。下界と天界の戦争になってしまう」

「えらいことだ。えらいことだ」

まわりの様子を不安げに見渡したアマテラスは、スサノオに向かって厳しい口調で聞きました。

「あなた、まさか、天界に攻めてきたんじゃないでしょうね」

それを聞いて、スサノオはびっくりして叫びました。

「姉さん！　そっ、それはちがうよ」

アマテラスとスサノオ、賭《か》けをする

弟は怖い顔をして、えらそうな態度でノシノシやってくる。まわりの神々は、弟は天界に攻めてきたと言う。当の弟は天界に来た理由を言わないで黙っている。アマテラスは頭がクラクラしてきました。それとともに、「本当に攻めてきたんだったら、勘弁しないわよ」と、だんだん気持ちが高ぶってきました。

「攻めてきたのではないと言うのなら、みなの前で身の潔白を証明しなさい。私と賭《か》けで勝負しましょう。あなたが勝ったら、天界を攻める気持ちがなかったと認めてあげる」

「ああっ。それはいい。やろう、やろう」

スサノオはすぐにアマテラスの提案に賛成しました。自分には最初から天界を攻める気はないので、当然賭《か》けに勝つに決まっています。

「それでは賭《か》けの方法はこうします。お互いの持ち物を交換して、それをもとに神をつくります。男の神をつくった方が勝ちとします」

「すると、僕が男の神をつくったら、姉さんは僕が天界に攻めてきたんじゃないと信じてくれるんだね」

「そうよ。では始めましょう」

まず、アマテラスが神をつくることになりました。アマテラスはスサノオから剣を受け取りました。そして、その剣を川の水できれいに洗ってから、剣の先っぽをかじりとり、よくかんでからフッと吹きすてました。すると、美しい三人の女神が生まれました。

つづいて、スサノオが神をつくることになりました。スサノオはアマテラスから髪飾りの宝玉を受け取りました。そして、その宝玉を川の水できれいに洗ってから、バリバリとかじって、よくかんでから力いっぱい吹き飛ばしました。すると五人の立派な男神が生まれました。

新しく生まれた男神のうちのひとりは、『正勝吾勝勝速日天之忍穂耳命《マサカツアカツカチハヤヒアメノオシホミミノミコト》』でした。まさにこの神を産んだ方が勝ちということを表していました。

「やった〜。男の子が生まれましたから、僕の勝ちですね」

スサノオは威張《いば》って、でも内心ホッとして叫びました。

まわりにいた天の神々も賭《か》けの結果を見て、

「そうか。それはよかった」

「な〜んだ、心配して損した！」

と、話しだしました。

すると、まわりの様子を見たスサノオがアマテラスにこう言いました。

「ほうら、どうです。僕に天界を攻める気がなかったことがわかったでしょう。僕を疑うなんて、姉さん、ひどいじゃないか」

アマテラス、賭《か》けの判定をひっくり返す

アマテラスも賭《か》けの結果が出た時には、弟の疑いが晴れたと思い、うれしく思ったのでした。しかし、賭《か》けに勝ったスサノオがあんまりにも威張《いば》るものだし、まわりの神々もさっきまで、散々自分に弟が攻めてくるとか吹き込んで、こんな鎧《よろい》や武器までつけさせて大騒ぎしていたのに、弟が賭《か》けに勝ったとたんに、手のひらを返したように何事もなかったようなことを言っている。スサノオははしゃいでいるし、まわりの神々も安心しきっている様子を見てアマテラスは、「もとはといえば、スサノオが怖い顔をして突然やってきて、しかもここに来た理由も説明しなかったのが悪いんじゃ

ないの？」と、だんだんイライラしてきました。そこで、みなをおどかしてやろうと思い、こう言いました。

「この賭《か》けは、私の勝ちではなくって？」

「えっ!?」

「……」

アマテラスのあまりに意外な言葉に、その場は一瞬にして静かになりました。そこでアマテラスはこう言いました。

「男の子は私が渡した宝玉から生まれたのでしょう。だからその男の子は私から生まれたことになるのよ」

「え〜!?」スサノオも他の天の神々もそろって声を上げました。

「そうだとすると、スサノオ様の剣から女の子が生まれたということは、スサノオ様の負けということに……」

と、ひとりの神がつぶやきました。するとほかの神々が「そうだ、そうだ」とざわざわし始めました。

それを聞いてあわてたのはスサノオです。

「そっ、そんなバカな！　本当に天界を乗っ取る気なんてないんだってば！」

とスサノオはあわてて言いわけをしています。

「でも、あなたが負けたってことは、ちょっとくらいはそう思ってたんじゃなくって？」

「……」

スサノオはよくよく考えましたが、天界を乗っ取ろうと思ったことは一度もありません。しかし、姉からそう言われると「ちょっとは思ってたのだろうか？」とも考えてしまいます。頭がこんがらがってわけがわからないので黙っているしかありませんでした。

スサノオ、天界で大暴れする

アマテラスは、本当はスサノオが賭《か》けに勝ったことがわかっていましたので、弟に天界を乗っ取る気がないことを知っていました。そこで、スサノオが天界に入ることを認めました。

　しかし、アマテラスの言う賭《か》けの判定では、スサノオは賭《か》けに負けたことになり、つまり天界を乗っ取る気持ちがあったということになるので、天の神々はみな心配しました。

　実は、この時にアマテラスは正直に、「本当は弟の勝ちだったのよ」と言っておけばよかったのです。しかし、やっぱり自分の勝ちとした方が気分がよかったので黙っていたのです。ところが、これが原因で後々とんでもないことになろうとは、神様であるアマテラスにもこの時はわからなかったのです。

　賭《か》けの判定で、天界を乗っ取る気があったということになってしまったスサノオに対して、天の神々はどう接していいかわかりません。

　一方、スサノオはというと、もともと心にやましいところはありませんでしたので、何の気がねもせず普通に天界の神々に接していました。

「やあ、元気かい？」

「ええ、その、えへへ……」

　スサノオのあいさつに天の神々は愛想笑いを返してはいますが、さっさと逃げるように行ってしまいます。

「何だ？　こいつら」

こんな感じで、スサノオはひとりぼっちでいることが多くなりました。


スサノオはさびしさをまぎらわすために、大酒を飲み、荒馬に乗って天界を駆け回りました。そして、天の田や畑を踏み荒らし、あぜを壊してしまいました。また、ベロベロに酔っ払って天の神殿をトイレと間違えて、そこでウンコをしてしまうという大失態もやらかしてしまいました。

「アマテラス様、何とかしてください」

「やっぱり、スサノオ様は天界をめちゃくちゃにするために来たんですよ」

アマテラスのところに天の神々が次々と苦情を言ってきます。

アマテラス自身もまずいなあと思っていたのです。スサノオが暴れるようになったのも、もとはといえばアマテラスがついたウソで、弟が仲間はずれにされていたことが原因だったからです。

「私が賭《か》けに負けたのに、勝ったなんてウソを言うんじゃなかった」

そう思うと弟を責めるわけにもいきません。

「スサノオはちょっと悪酔いしただけよ。酔いがさめればやめるわよ」

と神々には説明してスサノオをかばっていました。しかし、実は賭《か》けは自分の負けだったとは今さら言えません。もし、ウソだと知られたらみなは自分のことをどう思うだろう。そう考えると怖くて正直に言うことはできなかったのです。


しかし、とうとうスサノオは取り返しのつかないことをしでかしてしまいました。それはこういうことです。

アマテラスは天に機織《はたお》りの御殿をつくり、天之御衣織女《アメノミゾオリメ》という女神たちに機織《はたお》り仕事をさせていました。そこはとても神聖な場所であり、まじめな女神たちがいつでも行儀正しく仕事をしているのです。

「いつもおしとやかにしている女神たちが、びっくりして大騒ぎするところを一度見てみたいものだ」

スサノオはいたずらをしようと考えました。姉のアマテラスがどんなに自分が悪さをしても叱らないので図にのっていたのです。

スサノオは機織《はたお》り御殿の天井に穴を開けて、そこから天斑馬《あめのふちこま》という天に住むまだら色の馬の皮を投げ入れたのです。突然頭の上から馬が降ってきたので、御殿の中は大騒ぎになりました。女神たちはあわてて逃げだそうとして、機織《はたお》り機に蹴つまづいたり、ひっくりかえったりもう散々です。そして、とんでもないことに、女神のひとりが、お尻に機織《はたお》りの器具がつき刺さって死んでしまったのです。

スサノオは、天の神々に取り押さえられて天の牢屋に入れられました。本当なら暴れて逃げることもできるほどの力があるスサノオですが、ことの重大さにショックを受けて反抗する力も出ず、静かにしていました。


「スサノオ様をゆるすことはできない」

「追放だ」

「死刑にしろ」

天の神々の怒りは、それはすごいものでした。

「これというのも、姉神のアマテラス様が弟のスサノオ様を甘やかすからだ」

「しかし、今度はアマテラス様も黙ってはおるまい。スサノオ様に厳罰を与えてくれるだろう」

「そうだ、きっとそうだ！」

天の神々は、アマテラスがスサノオにどんな罰を与えるか注目しているのです。

アマテラス、いなくなる

「たしかに、スサノオは悪いことをしました。しかし、それは私のついたウソが原因で、みなから仲間はずれにされたさびしさから起こしたことなのよ」

アマテラスは後悔していました。

「ウソをついた私が、スサノオを罰することなんかできない！」

しかし、アマテラスがスサノオに厳罰を下さないかぎり、天の神々は納得しそうにありません。

「では、賭《か》けは本当は私が負けだったことを、みなに説明して弟をゆるしてもらおうか？」

そんなことをしたら、今度は自分が責められるだろうと思うと怖くて、それもできそうにありません。

「いったい、どうすればいいの……」

アマテラスの頭は空っぽになって、何も考えられなくなってしまいました。


しばらくたったある日、みな十分に眠ったというのに明るくなりません。

「まだ夜なのかな？　もう一回寝るか」と言ってまた布団に入りました。

しばらく眠った後、目を覚ましましたが、まだ外は暗いままなのです。

「いくら何でも変だぞ」

神々は家から出てきました。

「何で、暗いままなんでしょうな」

「不思議です。私なんかもう二度も布団に入って寝直したのです」

「私は三回です。おかげで全然眠くありません。もうとっくに明るくなってもよいころだと思うんですがね」

すると、高天原《たかまがはら》の宮殿に仕えている神が大騒ぎしながらこちらに走ってきます。

「たっ、大変だ〜！　アマテラス様がいないんだ」

「何だって〜!?」

「どこに行ったんだ？」

「こっちが知りたいよ！」

「どうなるんだ？」

「この世の中はずっと暗いままだ」

「え〜！」

これは一大事と神々は心当たりを探しましたが、アマテラスはどこにもいません。

アマテラスはいったいどこに行ってしまったのでしょう。

天《あま》の岩戸

「岩屋の入口の岩戸が閉まっているぞ」

天界には岩でできた家がありましたが、気がつくとその家の入口の大きな岩の戸が閉まっていました。

入口をふさぐ岩戸はとても重く、またぴったりと隙間《すきま》なく閉まっていて、手をかけるところもないため、どんな力持ちであっても外から開けることはできません。そして、中もまったく見えません。

「まさか、この中にアマテラス様は入ってしまったのではないだろうな」

「おい、だれか中に声をかけてみろよ」

「相手を怖がらせないように、やさしく声をかけるんだよ」

「ウズメ！　あんたはきれいでやさしい声をしているから、あんたが声をかけなさいよ」

ウズメ（天宇受売命《アメノウズメノミコト》）は、歌と踊りが上手な女神で、彼女がいるとその場が明るく楽しい雰囲気になるので、みなから好かれています。このような時こそ、彼女が適任とみな考えました。

「岩屋の中にだれかいるの？」

すると中から消え入りそうな小さな声で、「はい」という返事が聞こえます。

「アマテラス様ではなくって？」

「そうです」

「元気がありませんね。お加減が悪いのですか？」

ウズメはやさしく声をかけるのですが、もうそれにはアマテラスは答えません。

「私が悪かったの……私が……」と、独り言を言っているようです。

そして、とうとう部屋の奥に行ってしまったものか、布団をかぶってしまったものか、中から何の声も音もしなくなってしまったのです。


ウズメからの報告をうけた神々には、アマテラスが閉じこもってしまった理由がわかりませんでした。

「アマテラス様は『ご自分が悪かった』って言ってましたわ」

「何が悪かったんだろう？」

「何だろうねぇ。悪いことなんてないよねぇ」

口々に原因となりそうなことをみなで思いだそうとしましたが、はっきりしません。

しかし、どうもスサノオが起こした事件と関係がありそうだというのが、みなの共通の意見でした。

八百万《やおよろず》の神々、作戦会議を開く

アマテラスが岩屋にこもってしまってから、もういく日過ぎたのでしょう。ある者は二十日と言い、ある者は三十日と言います。しかし、朝が来ないので何日たったか数えようもなく、実のところ正確な日数はだれにもわからないのです。

とにかく、それからずっと、天界だけでなく下界も真っ暗闇になってしまっているのです。

草や木は枯れてしまいました。変な虫がたくさん出てきて作物を荒らしてしまいました。風邪《かぜ》などの病気が流行《はや》り始めました。泥棒など悪いことをする者も現われ始めました。

「これは、大変なことになったものだ」

「このままでは、天界も下界もすべて滅亡してしまうぞ」

「みなで知恵を出しあうのだ。何としてでも、アマテラス様に機嫌を直していただき、外に出てきてもらうのだ」

天《あめ》の安《やす》の河の河原に全世界から八百《やお》万《よろず》の神々が集結し、世界最初の会議が開かれました。

議長にはオモイカネ（思金神《オモイカネノカミ》）が選ばれました。ずば抜けて考えの深い神様だったからです。

「とにかく、アマテラス様が中から岩戸を少しでも開けてくれたら、力持ちの神が隙《すき》間《ま》に指をかけて、むりやりにでも開くことができるのだが」

「まず、ニワトリ（常世《とこよ》の長鳴き鳥）だな」

とだれかが言いました。

「えっ？」

「だって、ほら、ニワトリが鳴くと明るくなるじゃない？」

「そうか！　アマテラス様が出てくるかもな」

「そうなのかな、明るくなるからニワトリが鳴くんじゃないの？」

「そうかもしれない。でもやってみる価値はあるな、きっと」

「みなで岩屋の外で楽しく笑ったらどう？」

「何で？」

「だって、みなが楽しそうにしていれば仲間に入りたいと思うでしょ」

「でもなぁ。笑うったって、暗いし、寒いし、こんな状態で笑えるかねぇ」

「ウズメに歌って、踊ってもらいましょうよ。歌ったり、踊ったりすると心の中が明るく、楽しくなるじゃない」

「そうだ、そうだ、それはいい」

と、みなが言っていると、議長のオモイカネは不安げに言いました。

「それだけでうまくいくだろうか。何かもう一つ決め手がほしいな」

「大きくてゆがみのない鏡をつくりましょう」

と、イシコリドメ（伊斯許理度売命《イシコリドメノミコト》）が言いました。

「いいですか？　アマテラス様が外のお祭りが気になって、ちょっとでも岩戸を開けて外を見たとします」

「ふむふむ」

「そこに、大きくてゆがみのない鏡をおいておいて、アマテラス様の姿を写しだします。アマテラス様は鏡に映ったご自分の姿を見て、その立派な神様はだれだろうと、身を乗りだしてもっとよく見ようとするのでは」

「そうか！　その隙《すき》に岩戸に手をかけてこじ開けてしまえばいいんだ」

「おぉ〜」

「なら、鏡のまわりを宝玉の首飾りで飾りましょう。鏡に映った姿がいっそうすてきに見えるようにね」

とタマノオヤ（玉祖命《タマノオヤノミコト》）が提案しました。

ここまでやれば、うまくいくかもしれない。ということで、さっそく占いをしてみることにしました。コヤネ（天児屋根命《アメノコヤネノミコト》）とフトタマ（布刀玉命《フトタマノミコト》）のふたりが占ってみると「みんなで頑張れば大丈夫」という結果が出ました。


さあ、準備開始です。

①ニワトリをたくさん集める（特に鳴き声が大きく、長く鳴けるやつ）。
②ウズメが歌って踊るための舞台をつくる。
③鏡をつくる（大きくて、ゆがみがなく、ピカピカのもの）。
④宝玉の首飾りをつくる（宝玉はかわいい『まが玉』とし、数は五百とする）。
⑤榊《さかき》の木を採ってくる（香具山《かぐやま》に生えているものにかぎる）。

⑥榊《さかき》の木の枝に鏡をセットして、そのまわりを宝玉の首飾りで飾り、それを岩戸の前に置く（この作業は中のアマテラス様に絶対に気づかれないように注意して行うこと）。

女神の裸踊り

みんな必死に、というよりお祭りの準備だということで、楽しく働いていましたので、大変な仕事のわりには意外と早く準備が完了しました。

神々が岩屋の前に集まってきました。かがり火があたりを明るく照らしました。みなお祭りが始まるのを今か今かと待っているのです。

まず、お祭りの開始の儀式です。フトタマが立派な榊《さかき》をお供えします。コヤネが祝詞《のりと》を読み上げて、アマテラスが再び姿を現してくれるようお祈りをします。

そして、岩屋の岩戸のそばには中のアマテラスに気づかれないように、そっとタジカラオ（天手力男神《アメノタジカラオノカミ》）が配置につきました。タジカラオは相撲《すもう》の神様で天界一の力持ちです。ちょっとでも岩戸が開けば、隙間《すきま》に手を突っ込んでこじ開けてしまうでしょう。

ニワトリにかがり火を近づけて、朝が来たと勘違いさせて一斉に鳴かせました。それを合図に神々の輪の中から笛や太鼓が鳴り始めました。いよいよ、世界初のステージショーが開催されるのです。

天界一の歌上手、踊り上手のウズメが舞台に進みでます。ウズメはアマテラスの次に美しい女神でしたので、彼女の登場とともに会場はどよめきます。

笛や太鼓に合わせて、きれいで澄んだ声で歌いながら踊ります。舞台は実は大きな桶《おけ》（空桶《からおけ》）なので、彼女がテンポよくステップすると「トン、トトン」と小気味よい音がします。聞いている方はまるでウズメ自身も楽器になっているような錯覚を覚えます。

あまりの美しさすばらしさに、会場は大歓声に包まれました。するとさらに、演奏も激しく、踊りも華麗になっていくのです。

ところが、だんだんまずいことになってきました。ウズメはあまりに激しく踊っていたために、帯がほどけて着物がずり落ちてきてしまったのです。

「わっ！　大変なことになっちゃった」とウズメは思いましたが、ここで自分が踊りをやめて、この作戦が失敗したらいけません。必死で笑顔を崩さず踊り続けていました。

そうこうしているうちに、見ていた神々も気がつき始めていました。

「ねぇ。ウズメの……胸、見えてるんじゃない？」

「うわぁぁ。胸どころかお尻まで見えてるじゃん」

「わ〜い」

「キャー」

会場は大騒ぎになってしまいました。

作戦成功、アマテラス現れる

「いったい、どうしたこと?」

外ではニワトリは鳴くし、笛や太鼓の演奏や歌が聞こえてきます。しかもみな楽しそうにはしゃいでいる様子です。

「何があるのかしら」と、アマテラスもだんだん気になってきました。

「ちょっとだけのぞいてみようかしら」

岩戸が少し開いて一条の光の筋が現れました。しかし、まだタジカラオの指が入るほどの隙間《すきま》はありません。


「ウズメ……ウズメ……」と、アマテラスはウズメを呼びました。ウズメは恥ずかしそうに着物を直しながら岩戸まで走っていきました。

「ウズメ。みな、楽しそうにしているけど。何かよいことがあったの?」

「はい。とてもすばらしい神様が現れましたので、みなで喜びあっているのです」

アマテラスが不思議そうな顔をしているので、ウズメはさらに言いました。

「ほら、その方はここにおられます」

するとすかさずコヤネとフトタマのふたりが、鏡と首飾りがついた榊《さかき》の枝を差しだしました。

鏡にアマテラスが映しだされました。あまりの輝きにおどろいて、アマテラスはそれが自分の姿だと気づきません。もっとよく見ようと岩戸をちょっとだけよけいに開いた瞬間です。岩戸のわきに隠れていたタジカラオが、岩戸の隙間《すきま》に手をかけてこじ開け、アマテラスの手を引いて一気に外に出しました。

そして間髪を入れずにフトタマが岩戸にしめ縄を張って、二度と岩屋の中にアマテラスが入れないようにしました。

完璧な神々の連携プレイに、作戦は大成功です。

アマテラスが現れたことで、世界は再び明るくなりました。

「万歳、ばんざーい」八百万《やおよろず》の神々だけでなく、世界中の生き物たちが喜び抱きあいました。

「よかったね、よかったね」と、みなが言いあっている中で、アマテラスはポカンとしていました。そしてハッとしたように言いました。

「ところで、そのすばらしい神様はどこにいるの？」

するとコヤネとフトタマが鏡と首飾りがついた榊《さかき》を差し上げ、その鏡に映ったアマテラスを指差すと、八百万《やおよろず》の神々が声をそろえて言いました。

「それは、この方でございます！」

スサノオ、天界から追放され出雲《いずも》の地に降りる

「アマテラス様が岩屋に隠れてしまうほどのひどいことをしたスサノオ様を、われわれはゆるすことはできない」

「そうだ、そうだ」

天界の神々の会議はスサノオゆるすまじの大合唱となっていたのでした。

アマテラスは、自分が岩屋に閉じこもってみなに迷惑をかけたこともあり、気兼ね

して発言できずにいました。また、原因をつくったのはアマテラスとはいえ、実際にスサノオがしてしまったことは、あまりにも重大で簡単にゆるされることではなかったのです。


「死刑という意見もあるが、ここは追放ということでどうだろう」

「ただ追放は生ぬるい。ヒゲを剃った上で、手足のツメも切ってしまえ」

「ヒゲとツメがなくなれば力も出せなくなる。それはいい」


スサノオはとうとう、力の素であるヒゲとツメを奪われた上、天界から追いだされてしまいました。

天《あめ》の浮橋《うきはし》を下界に向けてとぼとぼと歩いていくスサノオを、アマテラスは悲しげに見送っていました。

「ごめんなさいスサノオ、ごめんなさい……」


スサノオは天界を追われ、下界に降り立ちました。場所は出雲《いずも》の国（現在の島根県）肥《ひ》の川（現在の斐伊川）上流の鳥髪山（鳥上山）でした。

「だいたい、僕は天界の姉さんに別れのあいさつをしてから、かあさまのいる黄泉《よみ》の国に行くはずだったんじゃないか」

「しかし、姉さんに言われてはじめて、とうさまから下界を管理する仕事を言いつかっていたことを思いだしたっていうのも、うかつだったよな」

「とうさまの言いつけを守るか、かあさまに会いに行くか、悩むな〜」

などと、独り言を言いながらスサノオは歩いていましたが、ふと気がつくとまわりが妙に静かです。小鳥のさえずりもしないし、獣も歩いていません。人の声もまったく聞こえません。

「静かだ。静か過ぎる……」

足元の川の流れに目をやると、川上から箸《はし》が流れてきました。

「箸《はし》だ、箸《はし》だ。上流に人が住んでいるにちがいない」

不気味な静けさに不安になったスサノオは、人恋しさに川上に走りました。

スサノオ、クシナダヒメに出会う

スサノオは肥《ひ》の川に沿って登っていきました。しかし、人が住んでいるのならだんだん開けてくるはずなのに、逆に木々や葦《あし》がぼうぼうと生えています。

「変だな。こんなところに人が住んでるのかな」

スサノオは不安になってきました。それでも草や枝をかきわけて進むうちに一軒の家が見えてきました。

「やっと見つけたぞ」と、スサノオはほっとしましたが、見ると家は荒れ放題、そして家のまわりにはたくさんのお墓がたっています。

「どうしたのだろう。病気でも流行《はや》ったのだろうか」

スサノオは動きを止めてまわりをじっと観察しました。すると、かすかに家の中から泣き声が聞こえるのでした。

家は隙間《すきま》だらけでしたので、スサノオは家にそっと近づき、壁の隙間《すきま》から中をのぞいて見ました。

老夫婦が泣いており、それを若い娘がなぐさめています。

悪い人たちではなさそうなので、スサノオは三人に声をかけてみました。

「こんにちは。旅の者ですが、どなたかいらっしゃいませんか」

家の中の三人は一瞬ぎょっとして声のする方を見ましたが、戸口に立つスサノオの姿を見て安心し、またおどろいた様子で迎えてくれました。

「旅の方ですか？　こんなところまでよく来られましたなぁ」おじいさんはスサノオにたずねました。「どこから来られました？」

天界などと言うと自分が神だと知られてしまい、人をおどかしてしまうので「ええ。川下の方から」と答えました。

「海からですか、それは大変だったでしょうに」

と、おばあさんが真剣な顔つきでねぎらってくれるので「はぁ、そうですね」と、スサノオも話を合わせました。

「こんなところで、何もございませんが」

と、言って若い娘が食べ物を持ってきてくれました。

食事を取りながら話を聞いたところ、おじいさんはアシナヅチ（足名椎）と言い、山の神であるオオヤマツミ（大山津見神《オオヤマツミノカミ》）の子であること。また、おばあさんはテナヅチ（手名椎）といい、娘の名はクシナダヒメ（櫛名田比売）とのことでした。

天変地異と怪物『八岐《やまた》の大蛇《おろち》』

「このあたりは人も動物もめっぽう少ないようですね」

と、スサノオがたずねました。するとアシナヅチが

「旅のお方は外国から来られたのでしょうね。だからご存じないと思いますが、実はこんなことがあったのです」

と、前置きしてから話し始めました。

「昔は、このあたりには鳥や獣もいっぱいいて、またたくさんの人が村をつくり、田畑を耕しながら生活していました。

異常なことは、川や泉の水が枯れ始めたことから始まりました。草木は枯れ、田畑は荒れました。また大地震が起こり、山が崩れました。また何日も突風が続いたかと

思うと、星の動きがおかしくなったり、しまいには太陽が何日も出なくなる日が続いたりしたのです。

太陽が出なくなってからが最悪でした。田畑は全滅、森の木の実もなくなり、鳥や獣も少なくなってしまいました。食べ物はなくなり悪い病気が流行《はや》りだし、人もばたばたと倒れていったのです。そんな中、泥棒など悪いことをする人も増えてきました」

ここまで話した後、少し間をおいてからアシナヅチは続けました。

「そして、『八岐《やまた》の大蛇《おろち》』という怪物が現れたのです」

スサノオは黙って聞いていました。

「それは、八つの頭と尾を持った大蛇《おろち》です。大きさは八つの山と谷を渡るほどあります。十六の目は真っ赤に光っており、全身にコケや木が生えています。そして、腹はいつも血でただれているのです」

「……とんでもない化け物だな」

「そうなのです。そして、その大蛇《おろち》は人を食べにやってくるのです」

するとと隣で聞いていたテナヅチが泣き始めました。それをクシナダヒメがやさしくなぐさめていきます。クシナダヒメを見つめながらアシナヅチは話を続けました。

「私どもには八人の娘がおりましたが、みな食べられてしまい、とうとうこのクシナダヒメひとりになってしまったのです」

スサノオはおどろいて、クシナダヒメを見ました。すると彼女はスサノオを見て少しさびしげにほほえみました。

スサノオの決意

どうも話を聞いていると、これらの天変地異には自分がやってきたことが関係しているようだとスサノオは思いました。

大干ばつや大地震は自分が泣いた時だし、星の動きがおかしくなったのも、もしかしたら、天界の機織《はたお》り御殿でのいたずらが何か関係しているような気がする。第一、太陽が出なかったのは、明らかに姉神のアマテラスが岩屋に閉じこもっていたことが原因ではないか。

「何ということだ」

スサノオは今さらながら、自分のしでかしたことの重大さに気がつきました。

「とうさまの言いつけを守らずに下界の管理を忘れ、かあさま恋しさに死んでしまおうと考え、そして、天界まで行って姉さんの仕事まで邪魔してしまった。それが原因で天変地異が起こり、恐ろしい八岐《やまた》の大蛇《おろち》まで出現させてしまったとは」

スサノオは黙って考えていました。

「何とかして、八岐《やまた》の大蛇《おろち》を退治して下界の人々を助けたい。しかし……今の自分の力は人と大して変わらない。これじゃ勝ち目はないぞ」

そうなのです、スサノオは天界を追放される時に、力の根源であるヒゲとツメを切られてしまっていたのです。

いざという時に何と不甲斐《ふがい》ないことか。スサノオは情けなくなりました。

スサノオがあんまり深刻な顔をして考え込んでいるので、クシナダヒメはスサノオが気の毒になりました。

「旅のお方。そんなに心配してもらわなくても、私は大丈夫なのですよ」

明るい声でクシナダヒメが言うので、スサノオはおどろいて彼女の顔を見ました。

「何とかして、上手に隠れて逃げ切ってみせますわ」

そうは言っても相手は八つの首と十六の目で探し回るのだから、逃げるのは容易でないことははっきりしています。しかし、それを聞いてスサノオは決意し、そして言いました。

「私が八岐《やまた》の大蛇《おろち》と戦う。そして君を守る」

スサノオ、作戦を練る

スサノオは、クシナダヒメの言葉を頭の中で繰り返していました。

『何とかして、上手に隠れて逃げ切ってみせますわ』

「何とか上手に戦って勝ってみせる」

スサノオはこう言ってみました。

敵は頭が八つあるから、相手は八でこちらは一だ。八方から一斉に攻撃されてはどうしようもない。頭一つごとに順番に戦えれば何とかなるかも……。どうしたら頭一つと戦っている間、ほかの頭を静かにさせておけるだろう。

スサノオはなおも考えをめぐらせました。そして、自分が天界で大酒を飲んで酔っ払って失敗したことを思いだしたのです。

「そうだ、自分がした失敗を八岐《やまた》の大蛇《おろち》にもさせてやるのだ！」

早速、スサノオはアシナヅチとテナヅチに相談しました。

「この家のまわりに八つの門がある垣根を張りめぐらせてください。そして、八つの門から入ったところにそれぞれ大きな桟敷屋《さじきや》（床が高めに造られた建物）を建てて、そこに強い酒がいっぱい入った器を一つずつおいてください。すぐとりかかりましょう。お願いします」

アシナヅチとテナヅチはわけがわかりませんでしたが、娘のためと思い必死に働きました。

アシナヅチは垣根と桟敷屋《さじきや》を建てます。テナヅチは酒をかもします。スサノオとクシナダヒメは、アシナヅチやテナヅチの仕事を手伝います。

「急げ、急げ。準備ができないうちに大蛇《おろち》が来たら勝ち目はないぞ」

言葉にこそ出しませんでしたが、スサノオは気が気でなりません。

やっと準備が整いました。

「よかった。間に合った」

スサノオはほっとしましたが、すぐに気を引き締めました。

「準備ができても、大蛇《おろち》がこっちの作戦にひっかかって、やっと互角になるかどうかだ。これからが本番だぞ」

八岐《やまた》の大蛇《おろち》現れる

ずずず……ずずず……と何かがはう音。

バキバキバキ……と木や枝が折れる音。

夕暮れの空が、血のように赤く染まりました。地鳴りのような音と振動が次第に大きくなり、そしてこちらに近づいてきます。また、黒雲が湧き上がり、あたりが急に暗くなったかと思うと、強い風雨とともに雷が鳴り始めました。

スサノオはクシナダヒメを見ました。さっきまで努めて明るく振舞っていたクシナダヒメも、今では恐ろしさで青ざめています。

今度は、剣に自分の顔を映してみました。とても恐ろしい形相《ぎょうそう》です。

「そうだったか」

スサノオは、自分が天界に踏み込んで、天《あめ》の真名井《まない》の川辺で姉のアマテラスに再会した時のことを思いだしました。

「何と、自分に思慮が足らなかったことよ」

「自分は天界に行った時、みなから弱虫と思われたくなくて、わざと乱暴に足を踏み鳴らして歩いていた。それから形相《ぎょうそう》だ。今も泣きたいのをがまんしているのだが、その形相《ぎょうそう》は自分が見ても恐ろしいくらいだ。きっとあの時の自分の表情も、今と同じだったにちがいない。姉さんは、自分のそんな様子を見て天界に攻めてきたのだと思ったのだ。あの時の姉さんの様子と、今のクシナダヒメの様子は同じだ。姉さんはとても怖がっていたのにちがいない」

この時、スサノオの目にはクシナダヒメと姉アマテラスの姿が重なって見えていたのでした。

「命《いのち》をかけてこの子を守るぞ」心の中でスサノオは叫びました。


「クシナダヒメ」

「……ハイ」

「これから、あなたを櫛《くし》に変えて私の髪にさして戦います。もし、私が戦いに敗れる時は、あなたも一緒に死ぬ時だ。それでもよろしいか？」

スサノオが普通の人間だと思っていたクシナダヒメはおどろきましたが、すぐに悟《さと》ったらしく「それで、けっこうです」と答えました。

「私はイザナギの子、アマテラスオオミカミ（天照大神）の弟、タケハヤスサノオノミコト（建速須佐之男命）である。クシナダヒメよ、私とともに戦おう」

そう、彼が叫ぶのと同時に、山が割れ、八岐《やまた》の大蛇《おろち》の巨大な姿が大音声《だいおんじょう》とともに現れました。

スサノオと八岐《やまた》の大蛇《おろち》の戦い

スサノオはすばやく物陰に隠れました。

漆黒《しっこく》の闇の中を八対《はっつい》十六個の深紅の光が動き回っています。時折光る稲妻に照らされて、雷鳴とともに現れる姿から、それらの深紅の光が八岐《やまた》の大蛇《おろち》の目であることがわかるのです。

クシナダヒメを探しているのか、家のまわりや中をうかがうように何対《つい》かの目がうごめいています。

「酒に気づけ。罠《わな》にかかれ」

スサノオはつぶやきながら様子をじっとうかがっています。

すると、いくつかの首が酒の香りに気づいたらしく、垣根に開いた門から桟敷屋《さじきや》に頭を突っ込みました。

何匹かは一つの門から同時に入ろうとしたらしく、うなり声を上げながら喧嘩《けんか》をしているようです。

「喧嘩《けんか》しないでよく見ろよ。門も酒も八つ分用意してあるよ」

しばらくすると、喧嘩《けんか》のうなり声も聞こえなくなり、八つの首がそれぞれ一つずつの門から桟敷屋《さじきや》に入って、中においてある酒を飲み始めているようでした。

体の動きもだんだん静かになってきたので、一つの桟敷屋《さじきや》にそっと近づいて、中をのぞくと首は酔っ払って寝ていました。

スサノオは腰の剣を引き抜くとすばやく、そして静かに脳天に剣を突き立てました。剣は一撃で急所を貫いたので、声も上げる間もなく死んでしまいました。しかし、八《や》岐《また》の大蛇《おろち》は胴体が一つですが、八つの首はそれぞれ別々に動けるので全部やっつけるまで油断はできません。

スサノオは足音を忍ばせて一つひとつの桟敷屋《さじきや》に入っていき、首が眠っていることを確かめながら一つずつやっつけていきました。

六つ目まで倒し、七つ目を刺そうとした時です。真っ赤な二つの目がカッと見開いたのです。一瞬、スサノオと大蛇《おろち》はにらめっこする形となりました。その直後に大蛇《おろち》が大口を開けてスサノオにおそいかかったのです。

ドッカーン。

大蛇《おろち》の歯は剣でよけたものの、蛇の鼻がからだをかすめただけでその衝撃でスサノオは、桟敷屋《さじきや》の壁をぶち抜いて外に放りだされました。

何が起きたかとぼう然としましたが、ハッと気づいて頭に手をやって、クシナダヒメが変化《へんげ》している櫛《くし》がなくなったり、壊れたりしていないか調べました。どうやら無事のようです。

しかし、ほっとする間もなく大蛇《おろち》の第二撃がやってきました。スサノオはあわてて泥の中をはってよけました。やっとの思いで逃げてから見上げると、大蛇《おろち》は鎌首をもち上げてこっちを見下ろしています。

そうこうするうちに、もう一つ残っていた首も動き始めました。首二つと同時に戦わなければならなくなりました。

後はもう逃げの一手です。櫛《くし》になったクシナダヒメを手にして、脱兎《だっと》のごとく逃げまくります。家の中、木の陰、岩の陰……。しかし、大蛇《おろち》の頭はそれらを片っ端から吹っ飛ばして追いかけてきます。前後左右、よけた方から、もう一つの首が来るので一瞬として休むことができません。

そして、とうとう前と後ろから同時に二つの首が向かってきました。左右によけたのでは、どちらかの大蛇《おろち》が首をちょっと横に振っただけで食べられてしまいます。

「ジャンプだ！」と飛ぼうとした瞬間、手から櫛《くし》が滑り落ちました。

「いかん！」スサノオは叫んで、泥の中に沈みこんでいく櫛《くし》の上におおいかぶさり、必死で泥をかき分けて櫛《くし》をつかみました。

「万事休《ばんじ》すか」


ドカッ、バキ、ドーン。

鈍くて大きな音がしました。

スサノオは自分たちが食べられている音かと思い、あきらめてじっとしていました。

しばらくしてあたりが静かなので、泥から顔を上げて見回してみました。

すると、どうでしょう。大蛇《おろち》の頭が二つとも近くに転がっています。どちらの頭も気を失っていたのでした。

どうやら、二つの大蛇《おろち》の頭は、スサノオが泥の中に伏せたと同時に正面衝突してしまったのです。酒を飲んだ後すばやく動き回るスサノオを追いかけ回したことで酔いが回ってしまい、互いによけることができずにぶつかってしまったのです。大蛇《おろち》に酒を飲ませる作戦が成功したおかげで、最大のピンチを逃れることができたのでした。

しかし、まだ安心はできません。残った二つの大蛇《おろち》の頭はただ気を失っているだけだからです。いつ、復活するかわかりません。

スサノオはほっとして腰が抜けそうになっていましたが、最後の力を振りしぼって立ち上がり、残りの頭にとどめをさしました。

バターン、バターン。

最後の頭に剣を突き刺すと、八岐《やまた》の大蛇《おろち》は大きな胴体と八つの尻尾をのたうちまわらせて暴れました。そして、しばらくするとピタリと動かなくなりました。

「勝ったのか?」

しばらくして、スサノオはつぶやきました。その姿は全身びしょぬれ、泥だらけ、血だらけのヨレヨレです。

左手に握り締めていた櫛《くし》を見てみると、これも泥だらけになっていました。スサノオはギョッとしてクシナダヒメを元の姿に戻しました。

「スサノオ様。ご無事ですか。おけがはありませんか」

クシナダヒメは元に戻るとすぐに言いました。しかし、自分の姿もスサノオと同じようにヨレヨレです。戦いの最中彼女は櫛《くし》の姿をしていましたが、スサノオと一緒に雨の中、泥の中にいたからです。

スサノオは自分のことより、まず他人のことを心配するクシナダヒメの言葉に感動しました。そして、にっこりとほほえみながら力強くうなずきました。

ふと気がつくと、八岐《やまた》の大蛇《おろち》の出現とともに現れた雷雲《らいうん》は消えうせ、空は澄みわたっています。そして、東の山々といくつも湧き上がる美しい雲の向こうから太陽が昇ってきました。スサノオとクシナダヒメは、ふたり並んでずっとその様子を見ていました。

八雲《やくも》立つ　出雲八重垣《いずもやえがき》　妻籠《つまご》みに　八重垣《やえがき》作る　その八重垣《やえがき》を
（いく重《え》にも重なり湧き上がる雲が垣根をつくっている。それは、この出雲《いずも》の地で自分が愛しい妻を守ってともに生きていくことを天が祝福してくれているようだ）

スサノオはそっと歌をよんで、クシナダヒメにプロポーズをしました。

天《あめ》のむら雲の剣

八岐《やまた》の大蛇《おろち》を退治したスサノオは、クシナダヒメと結婚して出雲《いずも》での生活を始めました。

スサノオは須賀《すが》（現在の島根県雲南市）の地に、すばらしい御殿を建てて、自分のお父さんになったアシナヅチを御殿の長官にしました。

しばらくして、八岐《やまた》の大蛇《おろち》が退治された話が伝わると、今まで逃げ回っていた人々も自分の家に戻り、田や畑を直し始めました。道もよくなり、遠くからも人がやってくるようになり村も大きくなっていきました。

山や森に鳥や獣も戻ってきました。

スサノオはたくさんの人々を指導して、川の土手を高くして洪水を防いだり、森や荒地を切り開いて田畑を増やしたりと、人々の生活をよくしていきました。

ある日、スサノオは八岐《やまた》の大蛇《おろち》の死骸の片づけをしていました。このままほうっておくと、腐って変な虫がわいて病気が流行《はや》ると大変だからです。

スサノオは剣で、大蛇《おろち》の尻尾を細かく切っていきました。

カツン。

何か固いものに剣が当たった音がしました。そして剣の刃の部分を見ると刃が欠けていました。

スサノオの剣は『十拳剣《とつかのつるぎ》』と言い、父イザナギから受け継いだ名剣でした。その刃が欠けるのですからただごとではありません。

大蛇《おろち》の尻尾の中をよく見ると、そこに形のよい細身の剣が入っていました。スサノオはその剣を手に持ってみました。

ゴロゴロゴロ……。

雷の音が鳴り、突然黒雲が湧き上がりました。

ズシャーン。

持っていた剣に雷が落ちました。スサノオは腰を抜かしましたが、けがはしませんでした。見るとその剣は青白く光り輝き始めました。

「何と恐ろしい剣だ」

スサノオはその剣に『天《あめ》のむら雲の剣』（天叢雲剣《あめのむらくものつるぎ》）と名前をつけました。これは雲を呼びイカヅチを呼ぶ剣という意味です。

「天候を変える力を持った剣か。これはまさしく、天界を司《つかさど》るアマテラス姉さんが持つにふさわしい剣だ」

そう言うとスサノオはその剣を天に向けて突き上げました。

スサノオ、再び天界にやってくる

天界を追放されていたスサノオでしたが、下界での目覚しい活躍は天界まで伝えられていました。

「昔は情けない方だったが、今では立派になられたものだ」

「本当だね」

「でも、八岐《やまた》の大蛇《おろち》という前代未聞の大怪獣をやっつけるくらい強いんだろ。もし、スサノオ様が天界に攻めてきたら、アマテラス様は勝てないんじゃないの？」

「そうだね。それは怖いね」

スサノオに関して天界の神々はスサノオをほめたり、怖がったりさまざまでした。

そんなある日、アマテラスにスサノオが天界に向かっていると情報が入りました。それを聞いたほかの天の神々は大騒ぎになってしまいました。

「どうしましょう。アマテラス様」

「スサノオ様は今度こそ天界を自分のものにしようとしているに、ちがいありません」

「アマテラス様。戦いの準備を！」

神々は口々にそう言うと、アマテラスに前回と同じように、武具を着けさせようとしました。

「みんな、おちつきなさい！」

アマテラスは毅然《きぜん》として言いました。

「スサノオは十分に反省をして天界にやってきたのです。彼の罪はもうゆるされています」

「しかし、アマテラス様」

神々が心配そうな顔をしていると、アマテラスはにっこりと笑ってみなに向かって言いました。

「大丈夫です。スサノオは天界に攻めてきたのではありません。心配はいりませんよ」

スサノオは妻のクシナダヒメを連れて、姉神アマテラスが住む天界の高天原《たかまがはら》の宮殿にやってきました。手には天《あめ》のむら雲の剣が握られています。

スサノオたちは、アマテラスの玉座のある大広間に通されました。

大広間には武装した天の神々が集まっていました。天の神々はスサノオを疑っていたからです。

スサノオとクシナダヒメは、大広間の中央でひざまずきました。

奥の扉が開き、アマテラスが現れました。

「お〜」

神々がどよめきました。神々はアマテラスがてっきり武装してくると思っていたのですが、彼女は美しく光り輝く絹のドレスを着て、五百個の宝玉のついた首飾りを身につけていました。そして、右手には大きくてゆがみのない鏡を携えています。

アマテラスは優雅に歩を進め、そして、玉座に座りました。

「スサノオですね。元気でしたか。どうぞお顔を上げてください」

「姉神様。ごきげんうるわしゅうございます」

スサノオがおそるおそる顔を上げると、そこにアマテラスのやさしい笑顔がありました。

「スサノオ。あなたの活躍はよく聞いています。とても立派になったわね。ぜひ、あなたから直接それらの冒険の話を聞きたいわ」

スサノオは話し始めました。実は死んで黄泉《よみ》の国の母に会いに行きたいと考えていたこと、自分がした失敗で世界が大変なことになっていたこと、八岐《やまた》の大蛇《おろち》のこと、下界の生活のこと、妻や家族のこと……。

「そして、この度、天界にうかがいましたのは」

ここまで、言ってからスサノオは少しためらいました。

「スサノオ、どうしましたか?」

天《あめ》のむら雲の剣をアマテラスに献上することが、スサノオが天界に来た目的だったのです。しかし、大広間のアマテラス以外の天の神々がみな武装している様子から、自分は疑われているとわかったからでした。

天《あめ》のむら雲の剣をアマテラスに渡すには一度、鞘《さや》から出さなければなりません。その時に剣が黒雲とイカヅチを呼べば、自分がアマテラスをおそうものだと思われてしまうにちがいありません。

「……」

スサノオは言葉につまってしまいました。

「スサノオ。何も心配はいりません。私はあなたを信じます」

アマテラスは静かにそう言いました。

「姉さん」

スサノオはアマテラスの顔を見ました。アマテラスはおだやかな表情でスサノオを見つめています。

スサノオはアマテラスを見つめながら、ゆっくりと天《あめ》のむら雲の剣を鞘《さや》から引き抜きました。

一瞬にして大広間中に黒雲が湧き、イカヅチが光り轟音《ごうおん》がひびきました。

ガラガラガシャーン。

真っ暗になった大広間の中で、剣だけが青白く輝き、スサノオとアマテラスの顔を照らしています。

「キャー」

「大変だー」

「衛兵、前へ！　アマテラス様をお守りしろ」

大広間は大混乱となりました。天の神々はスサノオとクシナダヒメを取り囲み、剣を抜き、槍を構えました。

「みな、武器をおさめなさい！」

アマテラスの声が大広間全体にひびきました。みな一斉にアマテラスの方を見ました。

アマテラスは玉座から立ち上がっています。

「神々よ、スサノオから離れなさい」

神々はアマテラスの命令にしぶしぶといった様子で、スサノオから離れていきました。

すると、アマテラスは玉座を降り、スサノオの方に歩いていきました。

それを見て、神々はおどろき息をのみました。

三つの宝の心と未来への約束

アマテラスは、スサノオのすぐ前まで来るといいました。

「スサノオ。あなたはこの剣を私に贈るために来てくれたのね」

「ははっ、姉上！」

スサノオは返事をするとすかさずひざまずき、剣を両手で捧げ持ちアマテラスに差しだしました。

アマテラスがスサノオから天《あめ》のむら雲の剣を受け取ったとたん、アマテラスのからだはひときわ美しく輝きました。そして、瞬《またた》く間に黒雲とイカヅチは吹き飛んで大広間は明るくなりました。

アマテラスはおどろく神々を見渡してから、次のように話しました。
①天界の宝である『鏡』と『宝玉（まが玉）の首飾り』と、下界の宝物である『剣』が集まったことで天界と下界の仲がよくなったこと。
②『鏡』は正直で素直な心、『宝玉』はやさしく思いやりのある心、『剣』はどんな困難にも立ち向かう知恵と勇気を表していること。
③『鏡』と『宝玉』と『剣』の三つの心をあわせ持つことが、神にとっても人にとっても大切であり、その心をみなが持つことができれば、世界全体が仲よく幸せに暮らしていけるということ（これをアマテラスは『和』と言いました）。
「私はみなさんに謝らなければならないことがあります。正勝吾《マサカツア》勝勝速日《カツカチハヤヒ》天之《アメノ》忍穂《オシホ》耳《ミミ》命《ノミコト》をここに」

アマテラスはみなに告白しました。

「この子は、天《あめ》の真《ま》名《な》井《い》の川辺での賭《か》けの時に、私の持っていた宝玉を使ってスサノオが産んだ男神です。私は賭《か》けの勝ち負けを判定した時、この子は、私の宝玉から生まれたから私の子と言いましたが、あれはウソでした。本当はこの子はスサノオの子です。この子を産んだことで賭《か》けはスサノオが勝ちだったのです。スサノオには最初から天界を攻める気などなかったのです」

アマテラスはていねいに頭を下げてみなに謝りました。そして言いました。

「スサノオ。私に正勝吾《マサカツア》勝勝速日《カツカチハヤヒ》天之《アメノ》忍穂《オシホ》耳命《ミミノミコト》を育てさせてくれませんか。私は下界を統治する神であるあなたの子に、天界の心を授けたいと思っています。そして、将来、この子にこの三つの宝（三種《さんしゅ》の神器《じんぎ》）を授け、『天界の心で地上の国を統治する者』になってもらおうと考えているのです」

スサノオはそれを聞いて喜びました。アマテラスはスサノオを抱きしめました。

神々は万歳を叫びました。

おまけのページ

アマテラスもスサノオも神様なのに、ウソをついてしまったり、失敗したりしましたね。

実は、スサノオはもう一つ失敗していたのです。それはこんなお話です。

天界から追放になったスサノオはその後、オオゲツヒメ（大宜津比売神《オオゲツヒメノカミ》）という女神様のところに行きました。スサノオはお腹がすいていたので、オオゲツヒメに食べ物をこいました。

食べ物の神様のオオゲツヒメは自分の鼻の穴やお尻の穴から食べ物を出して、スサノオに食べるようすすめました。

ところが、スサノオは「僕に鼻くそやウンコを食べさせるのか！」と怒って、オオゲツヒメを殺してしまったのです。

するとと死んでしまったオオゲツヒメのからだからいろいろなものが生まれました。

頭から蚕（絹糸をつくる虫）。

目から稲。

耳から粟。

鼻から小豆。

股から麦。

尻から大豆。

スサノオはとても悪いことをしてしまいましたね。でもよく考えてみますと、私たちはスサノオだけを責めることはできるでしょうか？

私たちも毎日ご飯を食べるでしょう。服を着るでしょう。ご飯も稲の命《いのち》、絹糸も蚕の命《いのち》を私たちはもらって生きているのです。私たちはほかの犠牲の上で生活しているのです。

このお話は、食べ物などの自然の恵みはとても大切なもので、少しもむだにしてはいけないという意味もあるのです。

神話の中で神様も失敗します。でも、みんな一生懸命反省して立派に成長していきます。そして、私たちにたくさんの大切なことを教えてくれるのです。

第三話　大《オオ》国《クニ》主《ヌシ》の冒険

島根県、出雲《いずも》市内の出雲《いずも》大社にお祀《まつ》りされているのが大国主《オオクニヌシ》の神様です。
現在の出雲《いずも》大社の社殿は高さが二十四メートルもあり、木でできた建物としてはとても大きなものです。しかも、出雲《いずも》大社の社殿は昔からとても大きかったらしく、今から約八百年前に寂蓮法師《じゃくれんほうし》というお坊さんが次のような歌を歌っています。

やはらぐる　光や空に　満ちぬらん　雲に分け入る　千木《ちぎ》の方そぎ

（光り輝く社殿が、雲の上まで立派にそびえている）

そして、この歌には詞書《ことばがき》（歌をつくった状況の説明文）がついていて、そこにはこう書いてありました。

「出雲《いずも》の大社にお参りしてその本殿を見ると、うしろの八雲山《やくもやま》の半分の高さあたりまでそびえていた。とてもこの世の光景とは思えなかった」

この詞書《ことばがき》が本当だとすると、八雲山《やくもやま》は百メートル以上あるので、社殿は約五十メートルあったということになります。

いつのころからか、社殿は現在の大きさのものになっていました。しかし、約五十メートルという巨大な社殿については、歌や言い伝え、図面などは残っていたのですが、今から二百年ほど前には、昔の人が大げさに言っていただけで、本当はそんなものはなかったんだと思われるようになっていました。

ところが、平成十二年四月五日、出雲《いずも》大社の境内《けいだい》から約八百年前の巨大な柱が発掘されたのです。その太さは現在の二十四メートルの高さの社殿の柱の五倍近くあり、昔の図面ともぴたりと一致しました。このことから、昔の社殿の高さは四十八メートル以上あったことがわかりました。寂蓮法師《じゃくれんほうし》が見ておどろいたという巨大な社殿は、本当にあったのです。

こんなに大きな社殿を建てて、私たち日本人が昔からお祀《まつ》りしてきた大国主《オオクニヌシ》の神様とはどんな方だったのでしょう。

神様のお見合い

昔、出雲《いずも》（現在の島根県）にオオアナムチ（大穴牟遅神《オオアナムヂノカミ》、後に大国主《オオクニヌシ》になる）という神様がいました。

オオアナムチは、スサノオとクシナダヒメの六代目の子孫です。スサノオの子孫だから、さぞカ強い神様かと思いきや、そうでもなく……。丸顔で体型もぽっちゃり型、いつもにこにこしていて、みなにやさしく、お人よしな性格です。また、花や動物たちに声をかけたりしていることがあり、みなから変なやつと思われていました。

オオアナムジには八十人の兄神（八十神《ヤソガミ》）がいるのですが、やさしい性格が災いして、兄神たちからこき使われたり、いじめられたりしていました。

稲羽《いなば》（現在の鳥取県）にヤガミヒメ（八上比売）という美人がいるという話が、出雲《いずも》の地に伝わりました。

「ヤガミヒメは、俺のお嫁さんにする！」

「何だと！　俺がお嫁にもらうんだ」

「いや、俺だ！」

兄弟神たちは、みなで喧嘩《けんか》を始めました。

「それでは、みなで今から稲羽《いなば》に行って、ヤガミヒメとお見合いをしよう。ヤガミヒメにだれと結婚するか決めてもらうんだ。それで文句はないな」

「おぉ！　それでいいだろう」

さっそく、兄弟神たちは出発の準備を始めました。特に重要なのはヤガミヒメへのプレゼントです。お見合い相手に気に入られたいと、たいそう立派な宝物を用意しました。

しかし、立派な宝物は重いと相場は決まっています。兄弟神たちは自分でプレゼントを担いでいくのは疲れるからいやだなと思いました。

「おいっ、オオアナムヂ。俺のプレゼントはお前が持っていけ」

「そうだ、俺のも持っていってくれ」

「俺のも」

「俺も」

とうとう、オオアナムチは八十人全員の兄神のプレゼントを担いでいかなければならなくなってしまいました。

「これじゃ、自分が用意したプレゼントは持てないな。まぁいいか」

オオアナムチは兄神たちが用意したプレゼントを大きな袋に入れて、よいこらしょと担《かつ》ぐと、兄神たちの後ろについて稲羽《いなば》に向かって歩きだしました。

稲羽《いなば》の素《しろ》ウサギ

出雲《いずも》から稲羽《いなば》まで砂浜の海岸に沿って歩いていきました。砂浜では足が砂に沈むので、とても歩きにくいのです。しかも、オオアナムチは八十の宝物が入った袋を担いで歩かなければならないので、それはそれは大変です。オオアナムチは疲れて歩くのが遅くなってきました。

「ねえ、兄さんたち、ちょっと荷物持つの手伝ってよ。少しゆっくり歩いてよ」

「いやだね。荷物は重いから持ちたくないね」

「そうだよ。それに少しでも早くヤガミヒメに会いたいからね」

ほかの兄神たちはどんどん先に行ってしまいます。そして、とうとうオオアナムチは、先を行く兄神たちが見えなくなるくらい遅れてしまいました。

「あ～ぁ、何かいつもこうなんだよな～。ひどいよな～」

オオアナムチは独り言を言いながら、とぼとぼと歩いていました。


オオアナムチは稲羽《いなば》の気多《けた》の岬（現在の鳥取県鳥取市白兎海岸付近）までやってきました。

「稲羽《いなば》の国に入ったぞ。ヤガミヒメのいるお屋敷までもう少しだ。夕食までには兄神たちに追いつけるだろう。よかった、よかった」

そう言って、背中の袋を担《かつ》ぎなおそうと腰をかがめると、浜の砂の中に何やら変なものが落ちていります。

「あっ、ウサギだ！　大変だ、大けがをしているぞ！」

それは、全身の毛皮がむしられたウサギでした。毛をむしられたあと、時間がたっているらしく、傷口が痛々しくひび割れています。ウサギは傷の痛みに耐えられなかったのでしょう、気を失っています。

「うわっ、どんなことをしたらこんな大けがするんだ!? このままじゃこのウサギ死んじゃうぞ!」

オオアナムヂは、背負っていた宝物の入った袋を投げ捨てると、ウサギを抱きかかえて川に走りました。そして、きれいな川の水でウサギの傷をていねいに洗いました。

「うわぁ、傷口に塩がふいてる。けがをした上に海に落ちたんだ。さぞかし痛かったろうに、かわいそうに」

オオアナムヂは川辺に生えているがまの穂をたくさんつみ取ると、日陰のすずしい場所に、がまの穂をほぐして柔らかいベッドをつくりました。そして、そこにウサギをそっと寝かせました。

ウサギが気づいた時には、もう夜になっていました。目をあけると、オオアナムヂが焚《た》き火をしているところが見えました。

「あぁ、あたし、この人に食べられちゃうのね」

うさぎは、ぐったりとしてそう言いました。

「あ、ウサギ君、目が覚めたかい」

オオアナムチはそう言うと、ウサギの方に来て、がまの穂のベッドを直してウサギが寒くないようにしてやりました。また、ウサギに水を飲ませてあげました。

「それに、僕は君を食べたりしないよ。だから、安心してお休み」

オオアナムチが自分に話しかけたので、ウサギはびっくりして言いました。

「あなたは動物じゃないのに、ウサギの私と話ができるの？」

「それとも、あなたはウサギの仲間なの？」

オオアナムチはにっこり笑って、首を横に振りました。

「僕は、出雲《いずも》の国津神《クニツカミ》（下界の神のこと）でオオアナムチと言うんだ」

ウサギはそれを聞くとからだをビクンとふるわせて、からだを硬直させました。そして、恐ろしいものを見るようにオオアナムチを見つめました。

「どうしたの？　ウサギ君」

ウサギのただならぬ様子に、オオアナムチは心配して声をかけました。

「君のけがは普通ではありえない大けがだった。そんなけがをすることになった事情を教えてくれないか？」

オオアナムヂが自分のことを本気で心配してくれていることがわかったので、ウサギはホッとしたのか、泣きじゃくり始めました。そして、ぽつりぽつりと事の顛末《てんまつ》を話し始めました。

ひとりぼっちのウサギ

ウサギはもともと隠岐《おき》の島（現在の島根県隠岐《おき》諸島の島）に住んでいました。しかし、なぜか島には自分以外のウサギの仲間は一匹もいません。ものごころついた時分には、お父さんもお母さんもすでにいなかったのです。

毎日、毎日、島中を歩いて仲間を探しましたが、結局見つかりませんでした。ウサギは島の一番高いところに登って、海のかなたを見ました。すると、南の海のはるか遠くに陸地が見えました。

「あぁ。きっとあそこまで行けば、仲間たちがいるにちがいないわ」

ウサギはうっとりとため息をつきました。しかし、そこははるかかなたです。泳いでいくことは絶対に不可能な距離なのです。

「行ってみたいなぁ〜」

ウサギは毎日、海のかなたの陸地を見つめては、仲間と出会えた時のことを想像して笑ったり、実際には行き着く方法がないことに気づいて泣いたりしていました。

ある日、島の海岸にたくさんのワニ（サメのこと）がやってきました。

「ワニさんたちだ！　いいなぁあんなに仲間がいて」

ウサギはうらやましそうにいいました。

「何匹くらいいるんだろう。あっ、そうだ！」

ウサギは何を思ったか、海岸のワニたちに向かって走りだしました。

「何だい？　ウサギさん。自分からわれわれに食べられに来たのかね」

ウサギはそれを聞いてゾッとしましたが、平気なふりをしてワニに話しかけました。

「ワニさんたちは、とても仲間の数が多いんですね。いったいどのくらいいるのかしら」

「実際何匹かはわからないが、それはすごい数だろうね」

と、ワニは海にいる仲間たちの姿を見やって自慢《じまん》げに言いました。

「本当にすごい数ですこと。でも、あたしたちウサギも仲間の数ではワニさんたちに負けてませんわ」

「本当かね、ウサギさん。それじゃ君の仲間を連れてきてみなさい。数くらべをしよう」

島にはウサギは自分しかいません。何とか、ワニをだまさなくっちゃとウサギは考えました。

「ウサギは島中にいて全部呼んでくるのは大変です。こうしましょう。今からワニさんたちに、この島の岸辺から南の海のかなたの陸地まで並んでもらいます。あたしが、その上をピョンピョン歩きながら、ワニさんたちが何匹か数えます。あたしはウサギの仲間の数を覚えていますから、ワニさんたちの正確な数がわかればどちらが多いかわかりますわ」

「それはいい考えだ。よし、数くらべだ」

ワニの橋

「お～い、みんな。これからウサギと仲間の数くらべをするぞ！」

ワニの長老が号令をかけました。

「ワニの誇りにかけて、負けるわけにはいかん。みんな、自分の用事は後回しにして、隠岐《おき》の島に全員集まれ」

「何!? ウサギと数くらべだって？ それは一大事だ！」

来るわ、来るわ……ものすごい数のワニが島のまわりに集まってきました。海が真っ黒に見えるくらいの状態です。

「それでは、みなの衆。海岸から南に向かって横一列に並んでくれ。隙間《すきま》ができないように、隣とぴったり寄り添うように。そうそう、そんな感じ。これでいいかねウサギさん」

ワニたちが横一列に隙間《すきま》なく並び終えると、それは長い長い橋のようになりました。列ははるかかなたまで続いていていて、終わりは見えないくらい遠くまで続いています。

「これなら、ワニさんの背中を歩いて、対岸までたどり着けるかもしれない」

ウサギはドキドキしながらそう思いました。しかし、ウサギは平静を装って言いました。

「う～ん。結構多そうだけどウサギの数ほどではないようね」

それを聞くとワニたちは怒って言いました。

「何言ってんだい、ウサギ！　多いか少ないかは実際に数えてから言え！」

ワニたちは、自分の用事を後回しにしてまで集まったので気がたっているようです。

「それじゃ行きますよ」

ウサギはワニの背中に飛び乗ると、「ひ、ふ、み、よ……」とワニを数えながら、ピョンピョンと橋のようになったワニの列を走っていきました。

ワニは、それはそれはものすごい数です。どうやら、ワニの列は島の南にある陸地まで続いていることがわかりました。

もともと、ウサギはワニの数には興味はありません。自分が対岸に渡りたいから、ワニをだまして橋をつくらせただけだったのです。だから、だんだん数え方もいい加減になってきました。

「おい、ウサギ、千五百六十二の次は千五百六十三だろ。今、間違ってたぞ」

「大丈夫ですよ。ちゃんと数えてますよ」

時々、ワニに怒られるようになりました。

しかし、もうすぐ対岸に着くというところで、とうとうウサギは喜びのあまりワニを数えるのをやめてしまいました。

「わ〜い。もうすぐ対岸に着くわ。仲間に会えるわ」

「おい、ウサギ。そりゃどういう意味だ！」

「数くらべをしてるんじゃないのか？」

ワニたちはおかしいことに気がつき、列を崩し始めました。

ウサギは、崩れかかったワニの列の背中をジグザグにピョンピョンはねながら、なおも岸に向かって走りました。そして、とうとう対岸の砂浜にジャンプし着地することができました。

「ワニさんたちごめんなさい。島のウサギはあたし一匹だけだったの。どうしても、こちらの岸に渡りたくて、ワニさんたちをだましたの、ゆるしてね」

と言うと、ウサギは丘に向かって走りだそうとしました。しかし、砂に足をとられて転んでしまったのです。するとすかさず、一番岸に近いところにいたワニが砂浜に体をのしあげてウサギを捕まえてしまいました。

「キャー！」

「この、うそつきウサギめ」

「たっ、助けてワニさん。堪忍《かんにん》して」

「ゆるさんぞ、こうしてくれる」

ガブッ、バリバリ……。

「イタイ、イタイ。助けて！　やめて〜！」

ウサギは泣き叫びましたが、ワニたちはゆるしてくれません。よってたかってウサギにかみついて真っ白な毛皮をからだからはいでしまいました。

「われわれをだました罰だ。反省しろ！」

と言うとワニたちは、ウサギを砂浜に置き去りにして沖に帰っていきました。

ウサギは全身血だらけで、あまりの痛さに、泣くことも身動きすることもできず、ふるえながら砂浜にうずくまっていました。

兄神たちの仕打ち

「助けて、だれか助けて」

ウサギは、痛さにふるえながら助けをこいました。しかし、ショックのあまり声も思うように出せません。涙を流しながらうずくまっているしかありませんでした。

しばらくすると、出雲《いずも》の方角からこちらに向かってくる何人もの人影が見えました。オオアナムヂの兄神たちです。荷物は全部オオアナムヂに持たせて、自分たちは手ぶらで歩いているので、みな元気いっぱいです。

「もう稲羽《いなば》の国に入ったぞ」

「けっこう、楽についたな」

「俺なんか、まだぜんぜん疲れていないぞ」

「俺もだ」

「俺も」

「おやっ？　何か汚いものが落ちているぞ！」

兄弟神がウサギに気がつきました。

「ウサギじゃね〜か」

兄弟神のひとりが、荒々しくウサギの耳をつかんで持ち上げました。

「イ、イタイ！　やめてよう、やめて〜！」

ウサギは叫びました。しかし、兄弟神はウサギを振り回しながら言いました。

「さて、どうする」

「食っちまおうか？」

「こんな、ちっこいウサギ、食ったって腹の足しにならんよ」

「ひまつぶしに、このウサギで遊ぼう」

そう言うとつかんでいたウサギを放り投げました。


どっぼーん。

ウサギは海の中に落ちました。毛皮をはがされけがをしているところを、塩水につけられたのですから大変です。全身の傷という傷に塩水がしみて、痛いの痛くないの……。しかし、このままではおぼれてしまいます。痛い手足を動かして必死に泳ぎました。

「うおー」

兄弟神たちは恐ろしい叫び声を上げながら、一斉に海に飛び込みウサギの方に向かってきました。そして、だれかがウサギを捕まえると今度はウサギを砂浜に放り投げました。

どさっ。

ウサギは砂浜に叩きつけられました。傷口に海水をつけられ、今度は砂にまぶされ全身の傷はますます痛みます。ウサギは逃げたくとも思うようにからだが動きません。兄弟神たちはこうしてウサギをいたぶり続けました。ウサギには泣く以外何もできません。そして、とうとうウサギはぴくりとも動かなくなりました。

「な〜んだ。もう死んじゃったのか?」

「つまらん」

「そんなやつ、そのへんにすてておけ」

「そうだ。行こう。行こう」

何と、恐ろしいことでしょう。兄弟神たちは、死にそうなウサギを砂浜の山の上に置き去りにして行ってしまったのです。


ウサギはもうからだを動かすことはできません。ただ、涙でかすんだ目でぼんやりと遠くを見つめながら思いました。

「あたし、死ぬんだわ。お父さんの顔も、お母さんの顔も知らない。仲間にも会えなかった。たったひとりで死ぬんだわ……」

ウサギの気がだんだん遠くなっていきました。

ウサギの予言

ウサギが目を覚ますと朝になっていました。お日様の光に、砂浜も打ち寄せる波もキラキラと光っていました。

「きれい」

ウサギがそっとつぶやきました。すると、オオアナムヂがウサギの顔をのぞき込みました。

「ウサギ君。目が覚めたかい？」

「あたし、どうしたの？」

「けがをした時のことを僕に話しているうちに眠ってしまったんだよ」

そうだったわ、とウサギは思いだしました。

「ウサギ君。からだの具合はどう」

「う、うん」

ウサギはからだをちょっと動かしてみました。昨日はあれほど痛かったのに今は痛くありません。ウサギは思い切ってがまの穂のベッドから上体を起こしてみました。

やっぱり大丈夫、痛くありません。

ウサギはピョコピョコと歩いて川辺に行って、水面《みなも》に自分の姿を映してみました。

「あっ、なおってる！」

ウサギはびっくりして叫びました。ワニにはがされたはずの真っ白な毛皮はきれいに生え変わり、元通り全身をおおっていて傷一つ残っていません。

「わ〜い、わ〜い」

ウサギは、オオアナムヂのまわりをピョンピョン元気にはねて喜びました。

「ウサギ君、よかったね。それにもう一つすてきなことがあるよ」

オオアナムヂはそう言うと、「あれをご覧」と言うように松林の方を指差しました。

ウサギはオオアナムヂにうながされて松林の方を見ました。

「あっ、仲間だ！」

ウサギはおどろいて叫びました。そこには、白、茶色、灰色、斑《ぶち》（要するにパンダ模様）などたくさんのウサギたちが集まっていました。

稲羽《いなば》のウサギたちの間で、昨夜の内に次のような噂《うわさ》が流れていました。

『気多《けた》の岬に美人のウサギがやってきて、がまの穂のベッドで眠っている』という噂《うわさ》です。

「あっ、本当だ。真っ白できれいなウサギだ」

「まるで、毛が絹みたいにキラキラしているね」

「今まで、見たことのないウサギだね。どこから来たのかな？」

「お〜い、美人のウサギさん。こっちにおいでよ。友だちになろうよ」

「そうだよ。仲間になってよ」

「そうしなよ」

集まったウサギたちが声をそろえて仲間に誘っています。

オオアナムチは、ウサギの背中を押して言いました。

「ほうら。みんなと一緒に行きなさい。そして、幸せにおなり！」

ウサギは、オオアナムチを振り返って言いました。

「ワニさんたちをだましたりして、あたし悪いウサギだったけど、オオアナムチ様のおかげで元気になれて、仲間にも出会うことができました。本当にありがとうございました。あたし、約束します。二度とウソをついたり、他人をだましたりするようなことはしません」

オオアナムヂは、うんうんとうなずきながらウサギの話を聞いています。さらにウサギは続けて言いました。

「オオアナムヂ様。あたし、二度とウソをつかないと言った証拠に、今ここでお伝えいたします。あなたは将来、とてもすてきな奥さんをお迎えします。そして『大国主《オオクニヌシ》（立派に国を治める主人）』となって地上世界を治めることになるでしょう」

ウサギはそう言い終わると、オオアナムヂにぴょこりとお辞儀《じぎ》をして、仲間の方に走っていきました。

「ウサギ君。お世辞《せじ》を言ってくれてありがとう。僕は兄神たちの召使いみたいなもんだし、『大国主《オオクニヌシ》』になれるなんて考えられないけど、頑張ってみるよ。それより、兄神たちが君にした仕打ちについては、僕から謝るよ。ワニたちをだました罰とはいえ、君への仕打ちはあまりにもひどすぎたからね。ごめんよ。ごめんよ～」

オオアナムヂはウサギに手を振りました。

ウサギはオオアナムヂを振り返ってもう一度、ぴょこりとお辞儀《じぎ》をしました。

「オオアナムチ様。あなたは今でこそ兄神たちの荷物を背負っている身分かもしれません。でも、あたしの言葉を覚えていてください。かならずあなたは『大国主《オオクニヌシ》』になられます。だってあたしはあなたに二度とウソはつかないとお約束したのですから」

ウサギは心の中でそう言うと、また、仲間の元に走りました。そして仲間の輪の中に飛び込むと、ほかのウサギたちに囲まれて、うれしそうに山に入っていきました。

このウサギの予言は、その後本当のことになります。そして、その功績によって、このウサギは兎神《ウサギガミ》という神様になるのです。しかし、オオアナムチが『大国主《オオクニヌシ》』になるまでには、まだまだ大変な冒険が待ち受けているのです。

ヤガミヒメとのお見合い

「オオアナムチはいったいどこで油を売ってるんだ」
「本当に、うすのろなやつだよ」

「まったくだ」

「ヤガミヒメへのプレゼントがなければ、お見合いも始められないじゃないか」

「そうだ」

「そうだ」

ヤガミヒメへのプレゼントを持ってくるはずのオオアナムチがいっこうに現れないので、兄弟神たちはイライラしていました。本当なら、昨日の夕方までには着いていてもおかしくないはずだったからです。

「あっ、オオアナムチだ」

「本当だ、のんびり歩いてやがる」

「こら、オオアナムチ。さっさと走ってこい」

オオアナムチはハァハァ息をはずませながら、大きな袋を担《かつ》いでやってきました。

「遅いぞ。プレゼントも着いたから、早速、お見合いを始めるぞ」

「えっ？　兄さん。僕昨日から何も食べてないんだよ。何か食べさせてよ」

「だめだね。ほら、すぐに荷物を背負えよ。ヤガミヒメのお屋敷に行くんだ」

「え〜？」

「え〜、じゃねーよ。さっさと行くぞ」

「そうだ」

「そうだ」

オオアナムヂは疲れてヘトヘトの上、おなかもぺこぺこでしたが、兄神たちに急かされてヤガミヒメのいるお屋敷に向かいました。


兄神たちとオオアナムヂは、お屋敷の広間に通されました。上座にはヤガミヒメのお父さんとヤガミヒメが座っていました。

「稲羽《いなば》の国主《こくしゅ》ならびに姫君にあらせられましては、ご健勝何よりに存じます。ご尊顔《そんがん》を拝《はい》したてまつり、恐悦至極《きょうえつしごく》にございます」

兄神のひとりが、代表であいさつをしました。

「出雲《いずも》の国よりまいられたとか。遠路ごくろう。それにて、ご用向きはいかに」

「ははぁ。われら兄弟、ヤガミヒメ殿に求婚いたしたく、まかりこしました次第。兄弟それぞれ贈り物を献上いたし、姫君に求婚のご口上申し上げたき次第にございます」

ヤガミヒメのお父さんはウンウンとうなずきました。

「どうじゃ、姫。このように申しておるが、お前、お見合いをする意思はあるか」

「はい。お父様。お見合いをいたしますわ」

ヤガミヒメはそのかわいい顔でうなずいて答えました。

ヤガミヒメ、オオアナムヂが気に入る

いよいよ、お見合いが始まりました。兄弟神がひとり、ひとり、ヤガミヒメの前に出ては、自分が用意した宝物を献上してプロポーズの言葉を言い、自分のセールスポイントを話します。

立派な宝玉、大きな鏡、金銀の細工物、絹織物などさまざまな宝物がヤガミヒメに贈られます。

また、自分は戦いで敵を何人倒したとか、狩りで鹿を何頭捕まえたとか、魚を一時に何十匹も食べたことがあるとか、自分がどれだけすごいかを自慢《じまん》しました。

ヤガミヒメはみなの話を聞いていました。しかし八十人の話をすべて聞くのは大変なことです。しかも、みながみな、戦いや狩りの話ばかりなので、だれがだれで、どのような話をした人かも途中からわからなくなっていたのでした。

ヤガミヒメの興味はだんだん別の方に向いていました。それは、だれのお見合いの時にも必ず、大きな袋をしょって出てくる少年です。その大きな袋から次から次へと宝物を出してくるので、それを見ているとと楽しくてしょうがありません。

「この子、召使いなのかしら。とてもやさしそうなお顔をしているわね。けれど、あんな大きな袋にこれだけ多くの宝物を背負ってきたのだからとてもたくましいのね」

ヤガミヒメはニコニコしながら、オオアナムヂを見ていました。

しかし、兄神たちは、ヤガミヒメは自分の宝や話が気に入ったのだと勘違いして大喜びしていました。

ついに八十人すべての兄弟神たちとのお見合いが終わりました。

「これにて、お見合いを終了させていただきます。それでは、ヤガミヒメ様がお気に召された者を決めていただきとうございます」

それを聞いてヤガミヒメは言いました。

「いいえ、お見合いは続けます。あの方をここに」

と言って指差しました。指差した先にはオオアナムチが座っていました。

「えっ？　えぇー！」

みな、おどろいて声を上げました。しかし、一番おどろいたのはオオアナムチです。自分で自分のことを指差して腰を抜かしています。

「ヤガミヒメ様。この男はわれら兄弟の中で最もいやしい者、力なき者、いわば葦《あし》原《はらのし》色許男《こお》（地上一番の不細工男の意味）なのです。お見合いなど姫の穢《けが》れになるばかりです」

兄弟神たちは声をそろえてヤガミヒメに訴えました。

「ブ男かどうかは、姫が決める」

ヤガミヒメのお父さんが毅然《きぜん》として言ったので、兄弟神たちはだまりました。

とうとう、オオアナムチはヤガミヒメの前に座らされました。

「あの、僕は、姫様へのプレゼントを持ってきませんでした」

それを聞いて、ヤガミヒメは「おやまあ」という顔をして言いました。

「あんな大きな袋にあんなにたくさんの宝物を背負ってきたのに、ですか？」

「はい。僕が、しょってきたのは兄神たちの用意したプレゼントだけです」

まわりで兄弟神やその場にいた者たちは笑い始めました。

それを聞いてヤガミヒメだけは笑わず、「この兄弟神たち、この子に自分たちの荷物を全部背負わせてきたのだわ。ひどい人たちね」と思いました。

「それでは、私にあなたのことを話してください」

「……」

「どうしたの？」

オオアナムチが黙っているので、ヤガミヒメが聞きました。

「あの、僕、取り立てて自慢《じまん》できるようなことがないんです」

すると、またまわりの者たちが大笑いしました。ヤガミヒメのお父さんが手を上げて笑うのをやめさせました。広間が静かになってからヤガミヒメがうながしました。

「どんな話でもいいのよ。最近身のまわりで起こったことを話してくださらない？」

それなら、ということで稲羽《いなば》の気多《けた》の岬で出会った白いウサギの話をすることにしました。

ウサギの冒険と悲劇、仲間と出会えたことなどを話しました。

ヤガミヒメは、ある時は身を乗りだして、ある時は涙を流して、ある時にはゆかいそうに笑いながらオオアナムヂの話を聞いていました。


オオアナムヂの話が終わったところで、お見合いは締めとなりました。

楽しそうにしているヤガミヒメに、姫のお父さんが聞きました。

「姫や。お見合いの首尾《しゅび》はどうであったか？」

ヤガミヒメは瞳を輝かせて言いました。

「はい。お父様、とても有意義《ゆういぎ》でございました」

「で、姫が気に入った者はだれじゃ？」

「はい。あの方でございます！」

ヤガミヒメはそう言うと、ある者をまっすぐに指差しました。

兄弟神たちの陰謀《いんぼう》

「オオアナムチの野郎。ゆるせね〜！」

「そのとおりだぜ！」

お見合いでヤガミヒメはオオアナムチを選んだのです。しばらく、おつきあいをして、お互い気心がしれたところで結婚することとなったのです。

「しかし、宝物も贈ってないし、取り立てて取柄もないやつなのにどうなってやがるんだ？」

「やつが話したことだって、あの汚ねえ死にぞこないのウサ公のことじゃねえか」

「本当だぜ。やつの姫への話のネタも、もとはといえば俺たちがあのウサギをいじめてやったおかげじゃね〜か」

話しているうちにだんだん兄弟神たちの怒りがつのってきました。

「おい、みんな聞いてくれ」

「おぉ」

「まだ、ふたりは結婚したわけじゃねぇ。結婚する前にオオアナムチを殺しちまえばいいんだよ」

「そっ、そうだよ。そのとおりだ」

「さすが、兄者《あにじゃ》。あったまいい」

「そこでだ」

兄神たちは、オオアナムチを暗殺する計画をひそかに企《くわだ》て始めました。

そんなこととは露知らず、オオアナムチはいつもどおりにのん気にくらしていました。そこに兄神たちが現れてこう言いました。

「オオアナムチよ。お前、ヤガミヒメにプレゼントをしたかい?」

「あっ、そうだ。まだしてないや」

「それは、婚約相手に失礼というものだよ」

兄神たちはニヤニヤ笑いながらオオアナムチの肩を抱いて言いました。

「お前、戦いや狩りの手柄も今まで立てたことがないだろう」

「そうだね」

「女ってのは、強い男が好きなんだ。狩りの手柄話ぐらいできなきゃだめだろうさ」

オオアナムヂは「そりゃ、そうかもな」と思いました。

「そこでだ、イノシシ狩りをして、大イノシシを捕まえてヤガミヒメにプレゼントするんだよ。そうすれば、プレゼントと狩りの手柄話と一石二鳥《いっせきにちょう》というわけだ。それを俺たちみんなで手伝ってやろうと、そう考えたわけなんだ。どうだろう」

「……」

「今まで、お前にはいろいろと世話になったから、ここらでひとつお返ししとこうと、そうみんなで話しあったんだ。どうだい？　われわれの好意をうけてくれないか？」

「うん、ありがとう、兄さんたち。お世話になります」

オオアナムヂはうれしそうにそう言いました。それを聞いて、兄神たちは薄気味悪い笑みを浮かべてうなずきました。

いよいよ、イノシシ狩りの日がやってきました。場所は出雲《いずも》と稲羽《いなば》の間にある伯耆《ほうき》の国（現在の鳥取県）の手間山《てまやま》です。

「いいかい、オオアナムヂ。この山には真っ赤な色をした大イノシシがいるんだ。それは、それはめずらしいイノシシだから、捕まえればヤガミヒメは喜ぶぞ」

そんなイノシシ、いるわけがありませんが、兄神たちはそう言いました。

「俺たちが、輪のように囲みをつくって、赤イノシシを追い立てるから、お前はここにいて待ち伏せするんだ。そして、ここにイノシシが来たらお前はそれに飛びかかって捕まえるんだよ。そうしたら、手柄はお前に全部譲ってやる」

「僕はここに隠れていればいいんだね。ありがとうみんな」

オオアナムヂが草むらに隠れると、兄神たちはへらへらと笑いながら山に入っていきました。

オオアナムヂの危機

ずいぶんと時間がたちましたが、まわりはいっこうに物音ひとつしません。しかし、草むらから顔を出して、赤イノシシに居場所がばれてしまってはいけないと思ったので、オオアナムヂはじっと息を殺して隠れていました。

そのころ、兄神たちは、オオアナムヂが隠れている場所からまっすぐ坂を上ったところで焚《た》き火をして、大きな岩が真っ赤になるまで焼いていました。この焼けた岩をイノシシだと言って坂の上から転がし、オオアナムヂを岩に飛びかからせて下敷きにしてしまう計画なのです。いよいよ、岩は真っ赤に焼けました。

「お〜い、オオアナムヂ。そっちにイノシシが逃げたぞ」

ガッガッ、ドカッ、ゴロゴロゴロ……。

ものすごい音とともに坂の上から何かが迫ってきます。オオアナムヂは怖くなってきましたが、グッとがまんしました。

「みんなが、せっかくイノシシを追い詰めてくれたんだ。僕はやるぞ」

「今だ。オオアナムヂ、飛びかかれ」

兄神たちがいっせいに叫びました。その声にあわせてオオアナムヂは飛びだしました。

ドッカーン。

オオアナムジは、一瞬真っ赤なかたまりを見たような気がしました。しかし、その瞬間、焼けた大岩にはね飛ばされてしまいました。

兄神たちは「暗殺は成功だ」と歓声を上げて喜びました。大岩にはね飛ばされ、しかも全身大やけどではまず助からないからです。兄神たちは倒れているオオアナムヂを、さんざん蹴っ飛ばして動かないことがわかると、そのまま山に放ったままにして出雲《いずも》に帰ってしまいました。

出雲《いずも》ではオオアナムヂのお母さんのサシクニワカヒメ（刺国若比売）が、心配していました。兄神たちが帰ってきたのにオオアナムヂが戻りません。兄神たちにオオアナムヂの消息をたずねても、「手間山《てまやま》の中に入ったまま帰らない」「どこにいるのかわからない」としか答えません。

サシクニワカヒメはわが子オオアナムヂをひとりで探しに行きました。

「きゃー」

手間山《てまやま》を探し歩いていたサシクニワカヒメは、大けがをしているオオアナムヂを見つけて悲鳴を上げました。

ぺしゃんこで大やけどのわが子を見て気を失いかけましたが、何とか、わが子をよみがえらせなければと必死にこらえました。そして、カミムスヒ（神産巣日之命《カミムスヒノミコト》）に祈りました。カミムスヒは神々の親であるイザナギとイザナミよりもっと前、世界ができるずっと前から宇宙の中心にいた大神様です。

カミムスヒは最近ではあまり顔を出さなくなっていたのですが、この時ばかりは、わが子を思う母親の願いを聞き届けました。そしてキサガイ（赤貝）とウムギ（蛤《はまぐり》）をサシクニワカヒメの元に届けました。

サシクニワカヒメは、キサガイの殻の粉をウムギの煮汁に溶かしたものを、心を込めてオオアナムヂの傷に塗り込めました。

すると、傷はみるみるうちにきれいになおり、オオアナムヂは元気を取り戻しました。お母さんの愛によって、オオアナムヂは死の淵《ふち》から奇跡的に生還したのです。

手間山《てまやま》からオオアナムヂがお母さんと一緒に元気に帰ってきたので、兄神たちはおどろきました。

その後も兄神たちは、罠《わな》をしかけてオオアナムヂの命《いのち》を奪おうとしました。そして、オオアナムヂを木と木の間に挟んでぺしゃんこにつぶしてしまいました。普通なら死んでしまうようなけがをオオアナムヂは負いましたが、この時も、母神のサシクニワカヒメの懸命の看護で命《いのち》をとりとめました。

「このままでは、オオアナムヂは兄神たちに殺されてしまう」

そう考えたサシクニワカヒメは木の国（紀伊の国：現在の和歌山県）に住む、家屋の神オオヤビコ（大屋毘古神《オオヤビコノカミ》）のもとにオオアナムヂを逃がしました。

しかし、この時にはもう兄神たちは露骨《ろこつ》にオオアナムヂの命《いのち》をねらうようになりました。

とうとう、兄弟全員で木の国までオオアナムヂを追いかけてきて、いっせいに矢を射かけてきました。これでは、さすがのオオヤビコでもオオアナムヂをかばいようがありません。

オオヤビコはある大木を指差し、その木の股（木の幹に開いた隙間《すきま》）の中に入り、そこから続く洞くつをまっすぐ進んで逃げるよう言いました。

オオアナムヂはオオヤビコの家から出て、戦いながら兄神たちの囲みを打ち破り、オオヤビコに言われたとおり、木の股から続く洞くつの奥へ奥へと逃げていきました。兄神たちはオオアナムヂを見失ったため、出雲《いずも》に帰っていきました。こうして、オオアナムヂはやっとのことで助かったのです。

オオアナムヂ、スセリヒメに会う

「危なかった。お母さんとオオヤビコ様がいなければ、僕はとっくに死んでいただろう」

オオアナムヂはため息をつきました。

「しかし、困ったな。もう僕にはどこにも逃げる場所はないぞ。何しろ、木の国まで追っ手がかかるのだからな」

オオヤビコに言われたとおり、この洞くつを先に進むしかない。行けるところまで行ってみよう。とオオアナムヂは覚悟を決めて、さらに深く深く進んでいきました。

もう何時間、いや何日歩いたでしょう。歩けども歩けども、洞くつは地の底に続いています。しかも、奥はだんだん広々としてきました。

「いったいどこまで続いているのだろう。しかし、洞くつはだんだん広くなるし、今では天井が見えないくらい高くなっている。もしかしたら、いつの間にか外に出ているのかな？　暗い洞くつから夜の間に外に出たから、洞くつの中にいるままと勘違いしているのかも。それにしては、月も星も見えないな」

それにしてもまわりは不思議な世界です。洞くつの中のはずなのにぼんやりと明るいのです。何やら燐光《りんこう》に、ぼんやりと照らされているようなそんな景色なのです。オオアナムヂはだんだん不安になってきました。

ららら……ららら……ららら……。

不思議な音が聞こえました。ギョッとしてオオアナムヂは足を止め、息を殺しました。そして、聞こえてきた音に耳をすませました。

「女の子の声？　歌っているのかな？　でも、こんなところでだれが？」

オオアナムヂは足音をたてないようにそっと、歌の聞こえる方に歩いていきました。それは、洞くつのさらに奥の方から聞こえてきます。

「昔、お母さんに聞いたっけ。地底の黄泉《よみ》の国には黄泉醜女《よもつしこめ》という化け物女がいて、生きた人間がそいつに見つかると食われてしまうんだって」

オオアナムヂは独り言を言いましたが、言ってからすぐ後悔しました。口に出したとたん、背中からさーっと血の気がひくような怖い感じにおそわれたからです。しかし、背中や手のひらにあぶら汗をにじませながら、怖さに耐えてなおも進んでいきました。

ふと気づくと、岩に腰を下ろした、真っ白な人影が現れました。オオアナムヂはドキッとして立ち止まりました。おどろいて急に足をとめたので、つんのめって石ころを蹴《け》っ飛ばしてしまいました。

からから……ころーん……ころーん……ころーん。

乾いた音が洞くつの中にひびきました。

するとその白い人影がゆっくりとオオアナムヂの方に顔を向けました。

オオアナムヂは恐怖のあまり声を上げそうになりましたが、今一歩のところでこらえました。

「だぁれ？」

鈴の音のような美しい声が聞こえました。先ほどから聞こえてきた歌声の主のようです。

「あなたは、だぁれ。どこから来たの？」

オオアナムヂは声の主をよく見ました。真っ白で透きとおるような肌に絹のドレスをまとっています。さらりとした長い黒髪を銀色の髪飾りでとめています。黒い大きな瞳、通った鼻すじ、桜色のくちびるをバランスよく配した顔は、美しい中にもある種の威厳を漂わせていました。

「オオアナムヂと申します。敵に追われて、オオヤビコ様からここに逃げるよう言われてきたのです」

オオアナムヂはちょっとドギマギしながら答えました。

「オオヤビコは私の伯父《おじ》ですわ。私はスサノオの娘、スセリ（須勢理毘売《スセリヒメ》）と申します」

「えー、オオヤビコ様の姪御《めいご》？　スサノオ様の御娘《おんむすめ》であらせられるのですか？　信じられない」

「あらまあ、私がウソを言っているとでも？」

「だっ、だって、あなたはとてもお若いし、それに、きれいだし」

オオアナムチはここまで言って「しまった」と思い自分の手で口をふさぐかっこうをしました。えらい女神様に向かって生意気なことを言ってしまったと思ったからです。

「うふふ。そんなにかしこまらなくてよくってよ。普通にお話しなさい。信じられないのも無理はないわね。あなたはスサノオお父様とクシナダヒメお母様から数えて六世代目の子孫。私とあなたとでは五世代もはなれているのだもの」

「どうして、お若い姿のままなんですか？」

「私が若い娘に化けているとでも？」

そう言うと、スセリヒメはちょっといじわるそうな顔をして、オオアナムチの顔をのぞき込みました。

「いいえ、そ、そんなこと、思ってません！」

オオアナムヂはドキドキしながらそう答えました。

「あはは、楽しいわ」

スセリヒメは優雅な姿に似合わず、とても明るい声を上げて笑いました。そして言いました。

「ここは、黄泉《よみ》の国よ。イザナミおばあ様のつくりだした世界。今はスサノオお父様がこの国を治めているわ。生きている者で今この世界にいるのは、スサノオお父様と私、そしてあなたの三人だけ、三人だけなのよ。これから、あなたをスサノオお父様に引きあわせてあげる。あなたもこの闇の世界で私たちと一緒に暮らすのよ。あははは……」

そう言うと、スセリヒメはオオアナムヂの手を引いて、洞くつのさらに奥の方へ奥の方へと導いていきました。

オオアナムヂ、スサノオと会う

岩だらけの凸凹《でこぼこ》の地面なのにもかかわらず、スセリヒメはまるで風のように走ります。男のオオアナムヂさえもついていくのがやっとです。

オオアナムヂの手をつかんでいるスセリヒメの手は真っ白ですべすべで、どう見ても少女の手です。

スセリヒメがスサノオの娘だとすれば、何百歳にもなるのです。オオアナムヂは不思議に思いました。

そうこうしていると、まわりに人影が現れました。

「う、うわぁー」

オオアナムヂは悲鳴を上げました。自分の顔のすぐそばに化け物のような顔があったからです。

「こらっ、この子は食べちゃだめ」

スセリヒメがその化け物を叱りつけました。化け物は叱られるとオオアナムヂからスゴスゴと離れていきました。

「あれは、黄泉醜女《よもつしこめ》よ。食べられそうになったら私に言ってね。追い払ってあげる」

スセリヒメはオオアナムチを振り返って笑いながら言いました。

「黄泉醜女《よもつしこめ》が生きている者を食べるって本当だったんだね」

オオアナムチはビクビクしながら言いました。すると今度はスセリヒメは、鎧兜《よろいかぶと》を身につけた亡者たちを指差して言いました。

「それに、あれは黄泉軍《よもついくさ》（黄泉の国の兵士）。あれも怖いわよ、注意してね」

「注意するったって」

「大丈夫、あなたのスサノオお父様へのあいさつがすめば、お父様から黄泉《よみ》の住民たちにあなたを食べないようにおふれを出してもらえるわ」

「もし、スセリヒメに途中で会わなかったら、僕どうなってたんだろう。もしかしたら彼女はあそこで僕を待っていてくれたのだろうか？」

オオアナムチはそう思いスセリヒメに感謝しました。


巨大な門と宮殿が見えてきました。

「あれが、スサノオお父様と私の家よ」

二人が門の前につくと、巨大な門が音もなく開きました。スセリヒメは、オオアナムヂを連れてどんどん宮殿の奥に入っていきました。そして、最も奥の玉座の間に入りました。

大きな黄金と象牙の玉座に、スサノオが座っていました。スセリヒメは玉座の前にオオアナムヂを導いてから、そこにひざまずくようにそっと耳元でささやいて指示しました。そして、彼女は玉座の右横の銀製の椅子に腰掛けました。

「お前は、オオアナムヂだな。わしは、黄泉《よみ》の国王スサノオである」

スサノオの声が部屋中にひびきました。

「お前の母サシクニワカヒメと、わが兄オオヤビコより話は聞いておる。この黄泉《よみ》の国にお前が住まうことをゆるす」

「スサノオ様、あっ、ありがとうございます」

オオアナムヂは緊張のあまり、小さな声でお礼を言いました。すると、スサノオは大声で言いました。

「何だ、聞こえんぞ」

「スサノオ様、ありがとうございます」

オオアナムヂが大声でそう言うと、スサノオはウンウンとうなずきました。

「まあ、長旅で疲れたことであろう。さがって休むがよい。オオアナムヂを個室に案《あ》内《ない》せい」

スサノオがそう言うと、召使いらしい亡者が現れました。そして、オオアナムヂのために用意した部屋に案内してくれました。


召使いに連れられて玉座の間を出ていくオオアナムヂを、スセリヒメはニコニコと見送っていました。そのスセリヒメの横顔をスサノオはちらりと見てから言いました。

「まったく、わが子孫にしては情けないものよのう」

「だれのことですの？」

「あの、オオアナムヂのことじゃよ。二度も兄弟たちに殺されかかって、三度目にはこの黄泉《よみ》の国まで逃げてきたのだからな。地上の神々の話では『葦原色許男《あしはらのしこお》』などと呼ばれて、何の取柄もないとか」

するとスセリヒメは意外そうな顔をして言いました。

「あらまあ。お父様ともあろう方が他人の噂《うわさ》だけで判断なされますの？」

「何じゃと？」

「私は、あの方はスサノオお父様にずいぶんと似たところがあるように思いますわ」

「はぁー!? わしとあいつのどこが似ていると言うのだ。わしはあんなに弱虫じゃないぞ」

スサノオはスセリヒメの言葉にびっくりして大声で言いました。

「うふふ。でも私は彼のことが気に入りましたわ。あの方とてもかわいくてすてきですもの」

そう言うとスセリヒメは立ち上がって、スサノオにスッとお辞儀《じぎ》をしてから玉座の間から退出しました。スサノオはそんな娘の後姿をぽかーんと見送りました。

「スセリはオオアナムチに気があるのだろうか？ いや、しかし、かわいい娘をあんな弱虫男の嫁になんぞ絶対にやらんぞ」

スサノオ、オオアナムヂに修行を勧める

スセリヒメはオオアナムヂに黄泉《よみ》の国のいろいろな場所を案内したり、しきたりを教えてくれたりしました。

「特に食べ物は注意してね。黄泉《よみ》の国の甕《かめ》で煮炊きしてつくった食べ物（黄泉戸喫《よもつへぐい》）を食べちゃったら、もう二度と地上には戻れなくなるの。完全に死んじゃって黄泉《よみ》の国の住人になっちゃうのよ。イザナミおばあ様は、ここに来た時、それをすぐに食べちゃったのですって。だから、イザナギおじい様が黄泉《よみ》の国まで、おばあ様を迎えに来てくれた時があったのだけれど、一緒に地上に帰ることができなくなって、それから別々に暮らしているのだそうよ」

「それじゃ、僕たちは何を食べるの？」

「スサノオお父様と私とあなたの三人だけは、地上界の甕《かめ》で煮炊きした食べ物を食べるのよ」

「そうか」

オオアナムヂがそう返事をすると、スセリヒメはにっこり笑ってうなずきました。

そんなふたりを遠くからスサノオが見ていました。

「あんな、頼りなさそうな男のどこが気に入ったのかねぇ」

スサノオはちょっといまいましげに独り言を言いました。

「スセリはまだ小さい時に、黄泉《よみ》の国に連れてきてしまったから、生きている若者に会うのは今度が初めてだ。だからただ珍しがっているだけなのだろうか」

そう言ってからスサノオは、スセリヒメの最近の様子を思いだしてみました。

「しかし、このところよく笑うようになったし、それに以前はあんなにおしゃべりだったかな?」

スサノオは、首を横にブンブンと振りました。

「だめだ、あんな弱虫と結婚したら、娘は不幸せになってしまう。何とかしなければ」

そう言って、スサノオは宮殿の奥に入っていきました。

広間でスサノオ、スセリヒメ、オオアナムヂの三人が夕食をとっていました。その時、スサノオは杯に酒を注いで飲みながら言いました。

「オオアナムチ」

「はい」

「お前は、ずっとこの黄泉《よみ》の国で暮らしていく気はあるのかね？」

スサノオがそう言うと、スセリヒメはオオアナムチの顔をチラッと見ました。

「まだ、よくわかりません。ただ、出雲《いずも》に帰れば兄神たちに命《いのち》を狙われることはたしかだということだけです」

「すると、出雲《いずも》に帰りたいという気持ちも残っている、そういうことかな？」

オオアナムチは黙ってうなずきました。

それを見てスセリヒメは「そうなんだ、ふぅ〜ん」といった表情をしながら、食べ物を口に運びました。

「オオアナムチよ。いずれにしても、もっともっと力をつけなければ出雲《いずも》に戻ってもひどい目に遭《あ》うだけだ。そこでだ、この黄泉《よみ》の国で修行を積んではどうだろう」

オオアナムチはまっすぐスサノオの顔を見つめました。かの大怪獣『八俣《やまた》の大蛇《おろち》』を退治したスサノオから、修行をつけてやると言ってくれたのです。オオアナムチは夢中になりました。

「本当ですか、やります。やらせてください。お願いします。ありがとうございます」

オオアナムヂがあんまり大きな声でそう言うので、スサノオもちょっとびっくりしましたが、平静を装って言いました。

「よし、よく言った。さすが、わが子孫である。それでは、今晩から早速、第一の修行に入る」

スセリヒメは食事の手を止めて、心配そうにスサノオとオオアナムヂの顔を交互に見ていました。

「今夜一晩、オオアナムヂには『への室《むろや》』で寝てもらう」

ガシャーン。

スサノオとオオアナムヂはドキッとして音のした方を見ました。スセリヒメが立ち上がっています。どうやら立ち上がる拍子に食器を落としてしまったようです。

「おっ、お父様」

「なっ、何じゃ？　ス、スセリ？」

「『への室《むろや》』で寝ろだなんて、無理ですわ」

スセリヒメの声があまりに大きかったので、スサノオもオオアナムチもびっくりしました。しかし、スサノオも負けずに大きな声でこう言いました。

「男と男が修行をすると約束したのだ。女のお前がつべこべ言うな」

それを聞いてスセリヒメは、顔を真っ赤にしてスタスタと広間を出ていってしまいました。

オオアナムヂ、真っ暗な部屋に入れられる

「いったい、修行とは何をするのだろう」

夕食後、自分の部屋に戻っていたオオアナムヂは、天井を見上げて考えていました。

とにかく、あの世界中に名を知られる戦上手《いくさじょうず》のスサノオの修行です。並大抵《なみたいてい》のもの

でないことだけはたしかです。それにスセリヒメのあの様子。だんだんオオアナムチは不安になってきました。

「オオアナムチ、オオアナムチ」

部屋の扉の向こうからスセリヒメの声がします。

「スセリヒメ様？」

「そうよ、中に入れて」

「ダメですよ。ふたりきりで部屋にいたことが知れたら、スサノオ様に怒られますよ」

「いいから、入れなさい」

しょうがなくオオアナムチが扉を開けると、スセリヒメが忍び込んできました。オオアナムチはドキドキしました。

「オオアナムチ。これを隠し持っていくのよ。そして、『への室《むろや》』に入って扉が閉まったら、これを頭の上で三回振るの。絶対に忘れてはだめよ。必ずそうするのよ」

スセリヒメはオオアナムチの目を見つめながら、小声でありながらも真剣にそう言いました。そして、オオアナムチの手をとって領巾《ひれ》（マフラーのこと）を渡しました。

「いったい、この領巾《ひれ》は何ですか？『への室《むろや》』って何なのですか？」

スセリヒメは何か言おうとしましたがやめました。それから、ちょっと間をおいてからこう言いました。

「詳しいことは知らない方がいいと思うわ。とにかく、私が言ったようにするのよ。そして、すぐに目をつぶって眠ってしまうように」

スセリヒメはそう言うと心配そうに、オオアナムヂを見つめてから部屋を抜けだしていきました。


廊下の奥からスサノオはふたりの様子を見ていました。

「スセリのやつめ、領巾《ひれ》をオオアナムヂに渡したようだな。しかし、領巾《ひれ》の力だけで、あの恐怖の部屋で一晩過ごすことなど並みの者ではできまいよ。うわはははは」

スサノオは大笑いしながら自分の部屋に帰っていきました。


夜も遅くなり、オオアナムヂがいよいよ『への室《むろや》』に入ることになりました。岩でできた扉が開きました、しかし、部屋の中は真っ暗で何も見えません。スサノオが言います。

「では、オオアナムヂはこの中に入りなさい。この扉は外側からしか開けることができない。明日の朝食時になったら扉を開けるので、そこでこの修行は成功とする。もし、途中でがまんできなくなったら大声で叫びなさい。そしたら、ここの番人の亡者が扉を開けてお前を出してくれるだろう」

オオアナムヂは不安そうに言いました。

「あの、もし修行に失敗した時はどうなるのでしょう」

「室《むろや》の中で死ぬこともあるし、途中でやめたら、出てきた時に黄泉《よみ》の国の食べ物を食べてもらう。いずれにしても、お前は亡者となり、永遠にこの黄泉《よみ》の国で暮らすのだ」

スセリヒメに心配そうに見送られながら、オオアナムヂはおそるおそる『への室《むろや》』の中に入っていきました。そして、ついにオオアナムヂの背中で、きしむような大きな音とともに扉が閉められました。

オオアナムヂは先ほどスセリヒメに言われたとおり、領巾《ひれ》を頭上で三回振りました。そして、すぐに目をつぶって眠ろうとしました。しかし、気になって眠れません。だいたい、この部屋で過ごすことがなぜ修行になるのかがわかりません。目を閉じているうちに、だんだんといろいろなことが想像されてかえって恐ろしくなってきました。それで、スセリヒメの言いつけを破って目を開けてしまいました。しかし、室《むろや》の中は真っ暗でやっぱり何も見えません。しょうがないのでひざを抱えてじっと座っていました。すると、その瞬間、手に冷たいものがはっていきました。

「うっ、うわ〜」

オオアナムチは悲鳴を上げました。

オオアナムチ、暗闇の恐怖に打ち勝つ

手だけではありません。足元や背中の方にも、何やら冷たいものがはい回っていきます。オオアナムチは手足をバタバタさせながら暴れました。もう大パニックです。ギャーギャー叫びながら部屋の中を走り回りました。真っ暗で目が見えないので、転ぶし、頭をぶつけるし、もうさんざんです。

「うるさいな〜、寝られないじゃないか」

暗闇の中でだれかがどなりました。その声を聞いて、オオアナムチは叫ぶのをやめました。そして、その声の主に向かって話しかけました。

「き、君はだれ？」

「だれって、ここは『蛇の室《むろや》』なんだから、俺たちは蛇だよ。何あたりまえのこと聞いてんだよ」

『への室《むろや》』の『へ』は蛇の『へ』だったようです。どうやら蛇だらけの部屋にオオアナムチはいるようです。

「へ、蛇さん。蛇さんは僕を食べたりするかい？」

「何言ってんだよ。お前さんはこの部屋に入ってきてすぐに領巾《ひれ》を三回振ったじゃないか。それは『この者を食べたらダメだよ』っていうスサノオ様の合図なんだよ。だから食べるわけないじゃん」

オオアナムチはスセリヒメの顔を思い浮かべました。そして手を合わせて感謝しました。

蛇と一緒と聞いて気持ち悪くはありますが、何もわからないよりはずっとましです。

それに食べられないとわかれば安心です。オオアナムチは蛇に話しかけました。すると蛇は言いました。

「お前さんは蛇でもないのに、何で俺たちとしゃべれるんだ？」

「なぜだろうね。前にウサギとも話せたよ」

「お前、すごいね～」

夜通し、オオアナムチと蛇たちは話しあいました。毒蛇と普通の蛇の見分け方、野山を歩いている時に蛇にかまれないですむ方法、蛇にかまれた時の治療法などです。一番よかったことは、蛇も人もお互いすき好んで相手を攻撃しているのではないということがわかったことでした。出会い頭にびっくりしてとっさにかんだり、叩いたりしあっていたのだということを知ったのでした。

オオアナムチは「蛇もそんなに悪い生き物ではないのだな」などと考えていましたが、そのうちに蛇たちと一緒に眠ってしまいました。

『への室《むろや》』の扉の前では、スセリヒメがうろうろと歩いていました。中からオオアナムチの叫び声やばたばた暴れる音がしたかと思うと、静かになったまま、何の音も聞こえなくなってしまったのです。

「ちゃんと、領巾《ひれ》は振ったかしら。でも、まわりが蛇だらけだってわかれば怖くてがまんできないはずよ。でも、もうっ、どうしちゃったのよ〜」

「スセリヒメ様。中から助けを求められたら、すぐ扉を開けて出しといてあげますから、自分の部屋に行って寝てくださいよ」

番人の亡者がスセリヒメに言いました。しかし、スセリヒメはその場を離れません。

「食べられちゃったのかしら。気を失っているのかしら。怖くて頭がおかしくなっちゃったんじゃないかしら」

そんなスセリヒメをスサノオは廊下の奥からのぞいていました。

「スセリのやつめ、本気でオオアナムヂにほれているらしい。しかし、この程度の試練に耐えられない者にお前は嫁がせないからな。フフフ……」

いよいよ、朝食の時間となり扉が開けられました。

スセリヒメは一睡もできずに扉の前をうろうろしていたのです。そして、扉が開くと同時にスセリヒメは部屋の中に飛び込みました。

するると部屋の真ん中にオオアナムヂが倒れていました。スセリヒメはかけ寄って、オオアナムヂの上体を抱き起こしました。

「オオアナムヂ、オオアナムヂ」

まさか、死んでいるのではとスセリヒメは必死でオオアナムヂの名を呼びました。

するとオオアナムヂは目を開けました。

「スセリヒメ様。もう朝なんですか？」

「オオアナムヂ。無事だったのね」

オオアナムヂはぐっすりと眠ったので、とても元気でした。朝食もお替りまでして食べています。それを見てスセリヒメは大喜びです。

しかし、スサノオは複雑な気分でした。

「蛇に食われなかったのは領巾《ひれ》の力のおかげだとしても、あの暗闇の恐怖に打ち勝ったというのか？　しかも、ゆっくり眠っていたとか。わしだって気味悪くてあそこじゃよく寝られんぞ。度胸《どきょう》があるのか、鈍感なんだか。しかし、なかなか見所があるやつかもしれんな」

スサノオはそんなことを考えながら、杯の酒をぐっと飲み干しました。

オオアナムヂ、最後の試練にのぞむ

その次の晩は、オオアナムヂは『むの室《むろや》』で寝ることになりました。『むの室《むろや》』の『む』は虫の『む』です。この部屋には、ハチとムカデが住んでいました。

しかし、基本的には『への室《むろや》』と同じことなので、まず、部屋に入ったオオアナムヂは頭上で領巾《ひれ》を三回振り、部屋の虫たちに話しかけました。

ムカデが悩みを訴えました。

「僕の恋人のムカデが、最近いなくなっちゃったんだよ」

「それは、心配だね」

「うん、それがどうも、スサノオ様の頭の毛の中に迷い込んじゃったみたいでね。もし見つかったら殺されちゃうだろうし」

ムカデがあまりにかわいそうになったので、オオアナムヂは少し考えてからこう言いました。

「わかったよ、スサノオ様のシラミ取りはスセリヒメ様がやるのだけど、もし君の恋人を見つけたら、うまく逃がすようにと伝えておくよ」

シラミ取りをするには、他人に自分のからだを直接触らせなければなりません。そのためスサノオは、自分が絶対の信頼をおくスセリヒメにしかシラミ取りはさせませんでした。だから、このような約束をしたのです。それを聞いてムカデは喜びました。

「君は、スセリヒメ様と知りあいなのかい？　すごいねぇ」

隣で聞いていたハチが言いました。

「それに、ハチとも、ムカデとも話せるのだから、すごいことだよねぇ」

「いやあ、みんなには毒の治療法なんかを教わったし、僕の方こそ勉強になったよ。今後ともよろしくね」

結局、この夜も虫たちとの会話を楽しんだ後、みんなで並んで仲よく寝てしまいました。

これには、さすがにスサノオもおどろきました。オオアナムヂが一度ならず二度までも、『暗闇の恐怖』に打ち勝ったからです。オオアナムヂが弱虫だという噂《うわさ》はまったくの間違いだということがこれで明らかになりました。

「なかなかやるな。よし、最後の修行はものすごい試練にしよう。この試練に打ち勝てれば、オオアナムヂは無敵だということになる。そして、やつならきっとやりとげられるだろう」

とはいえ、最後の試練の内容を聞けば、スセリヒメが絶対にとめようとすると考えたスサノオは、スセリヒメの留守を見計らってオオアナムヂを誘いだしました。

「オオアナムヂよ、一緒に狩りに行こうではないか」

スサノオからの直接の誘いにオオアナムヂは大喜びです。さっそく支度《したく》を整えてお伴の列につきました。

一行は大きな野原に出ました。そこでスサノオはオオアナムヂに言いました。

「これより、最後の試練をお前に課す」

突然の宣告にオオアナムヂは緊張しました。

「これより、この鳴鏑《なりかぶら》（射ると風を切って音を鳴らして飛ぶ矢）をこの広い野に放つ。お前はこの鳴鏑《なりかぶら》を拾って戻ってくるのだ」

この広い野に放たれた、小さな鳴鏑《なりかぶら》を探して拾ってくるのは大変なことです。しかし、スサノオはさらに言いました。

「そればかりではない。われわれがお前に対して罠《わな》を仕掛ける」

「えっ!?」

オオアナムチはおどろいて声を上げました。スサノオはオオアナムチの顔をじっと見つめて言いました。

「忘れたか、オオアナムチよ。お前は以前、兄神たちに狩りに誘いだされて罠《わな》にかかり殺されかけたのだったな。よいか、この最後の試練はその時の再現だ。もし、この試練に打ち勝てなければ、お前はいずれ兄神たちに殺されてしまうのだ」

オオアナムチは今度こそ死ぬかもしれないと思いました。しかし、この試練に打ち勝たなければ、出雲《いずも》の国には二度と帰れない。

「帰りたい、美しい八雲《やくも》立つ出雲《いずも》に。お母さんにもう一度お会いしたい」

オオアナムチは決心しました。そして答えました。

「スサノオ様、最後の試練をお与えください」

それを聞いて、スサノオはゆっくりとうなずきました。

「みなの者配置につけ」

スサノオの号令で亡者の兵士たちが野に放たれました。そして、ころあいを見て、スサノオは弓で鳴鏑《なりかぶら》のついた矢を放ちました。鳴鏑《なりかぶら》はうなるような音をとどろかせて、はるかかなたに飛び去りました。

「オオアナムヂよ、行け、そして、やりとげよ」

スサノオのこの言葉を合図に、オオアナムヂは野に飛びだしていきました。

オオアナムヂ、火攻めに遭《あ》う

野原はとても広く、一面オオアナムヂの背と同じくらいの高さの草が生えています。そんな中に落ちた小さな鳴鏑《なりかぶら》のついた矢を見つけだすのは、どんなに大変なことでしょう。それればかりか、スサノオが率いる軍勢がオオアナムヂに罠《わな》を仕掛けてくるのです。スサノオは八股《やまた》の大蛇《おろち》を倒したほどの戦いの天才です。どのような、危険な攻撃を仕掛けてくるか想像もつきません。

探し始めてからもう何時間もたちました。しかし、いっこうに鳴鏑《なりかぶら》は見つかりません。しかも、いつどこからどのような攻撃を受けるかと思うと、怖くてたまりません。緊張のしっぱなしのためものすごく疲れます。手や背中にあぶら汗をかき、くちびるが渇きます。


ザザザザザザザ……。

ババサバサバサ……。


突然、まわりから大きな音が起こりました。オオアナムチはギクッとして身構えました。すると、草むらからたくさんの鳥が飛び立ち、頭上を舞いました。

「伏兵《ふくへい》（隠れた敵の兵隊）がいる。敵兵の動きに鳥たちがおどろいて飛び立ったのにちがいない。攻撃は近いぞ」

オオアナムチはとっさにその場にからだを伏せて、敵兵に見つからないように身を隠しました。

「どういう罠《わな》を仕掛けてくるのだろう」

パチパチパチ……。

何かがはじけるような音がします。オオアナムチはそっと立ち上がり四方を見てみました。

「火攻めだ」オオアナムチは悲鳴のような声で叫びました。

見るとオオアナムチを囲むようにして、真っ黒な煙が立ちのぼっています。野原の草がパチパチと音をたててまたたく間に燃え広がり、真っ赤な炎が巻き上がります。オオアナムチは右往左往して逃げ道を探しましたが、どの方向にも火が回っています。また、火勢は強く飛び越えて逃げることもできません。絶体絶命の大ピンチです。

スセリヒメが外出先から帰ってくると、スサノオもオオアナムチもいません。広い宮殿中を探しましたがどうしても見つかりません。

「どこに行ったのかしら？」

スセリヒメは不安になりました。

「野原が燃えています」

宮殿に仕えている亡者たちが、スセリヒメにあわてた様子で言いました。

「何ですって!?」

「スセリヒメ様、御狩場《おかりば》（スサノオなどえらい身分の者だけが狩りを行える場所）の野原が火事になっているとのことです。しかも、スサノオ様は、その野原に先ごろ向かわれたとのことであります」

スセリヒメはそれを聞いて真っ青になりました。

「まさか、お父様はその火事に巻き込まれたのでは。あっ、オオアナムヂ様はどうしたの？」

「オオアナムヂ様も、スサノオ様に同行されているとのことです」

スセリヒメはおどろいて気を失いそうになって、柱にもたれかかりました。しかし、気力を振り絞って立ち上がりました。

「ただちに命令を伝えなさい。これより総がかり（全員出動）で御狩場《おかりば》の野原の火を消し止めます。このスセリも向かいます。みなは私に続いてください」

スセリヒメの言葉に宮殿中が上を下への大騒ぎになりました。水を運ぶための甕《かめ》などの容器、火を叩き消そうとホウキなど、火を消すために使えそうなものは何でも持って多くの亡者たちが集まりました。そして、スセリヒメを先頭に火事場に向かって走りだしました。

スセリヒメたちが、野原の入口の小高い丘まで来ると、そこでスサノオとスサノオに同行していた兵士たちに出会いました。スセリヒメはスサノオの無事な姿を見てほっとしました。

「お父様、ご無事でしたか。よかったわ」

そう言ってから野原を見ると、そこはもう手のつけられないほどの猛火が逆巻いています。火勢が強いため、火元から離れているこの丘の上に立っていても、顔や腕など服から出ている部分が熱いくらいです。

「お父様、これより火を消しにかかりますわ」

スセリヒメが火元へ飛びだそうとすると、スサノオが黙って制止しました。

「お父様？」

スセリヒメはスサノオの顔を不思議そうに見ると、「はっ」とした表情でまわりを振り返りオオアナムチの姿を探しました。しかし、どこにも見当たりません。

「おっ、お父様、まっ、まさか！」

スセリヒメは野原の燃え盛る炎を見つめると、両手で顔を押さえました。そして、今度は腕をぶらりと落としフラフラと火の方へ下りていきました。それを見て亡者たちが、スセリヒメを取り押さえました。

「オオアナムチ様、オオアナムチ様。そっ、そうよ、火を消さなきゃ、火を消さなきゃ」

スセリヒメはもがいて、亡者たちの腕を振りほどこうとしながら叫びました。

「火を消してはならん」

スサノオが雷鳴のような声で言いました。その厳しい言葉にスセリヒメも亡者たちも一瞬静かになりました。

「みなの者、この御狩場《おかりば》の野から外に火が回らないようにだけせよ。野の中は燃え尽きるまでそのままにしておくのだ」

そう言ってから、スサノオはスセリヒメに静かにこう言いました。

「これは、オオアナムチの最後の修行なのだ」

スセリヒメはそれを聞いて、厳しい表情でスサノオをにらみました。そして、次の瞬間全身の力を振り絞って暴れました。女性とは思えないくらいの力で暴れるので、大勢の亡者が一斉に飛びかかって力まかせにスセリヒメを押さえつけました。

「放して、放して。彼を、彼を助けて。死んじゃうわ、あの人死んじゃうわ。オオアナムヂ様、オオアナムヂ様～」

スセリヒメの悲鳴のような叫びが、炎に包まれた野にひびきました。

「無理だ。こんなところから生きて帰れるわけがない」

「ああ、絶対に無理だ」

亡者たちは小声で言いあっていました。それらの言葉をスサノオは横で聞きながら、こう思っていました。

「あいつが、この程度でまいるわけがない。スセリヒメ、お前が見込んだ男だ。きっとやりとげて帰ってくる。きっとな」

オオアナムヂ、大きな穴に落ちる

「なかなか火が消えませんね～」

「まったくですね」

話しているのは、オオアナムヂとネズミです。

ここは地下の洞穴《ほらあな》です。オオアナムヂはネズミの親子と一緒に、火を逃れていたのです。どうしてこんなことになったのか、時をさかのぼってみましょう。

最後の修行にのぞんだオオアナムヂは、スサノオの率いる軍勢に四方からの火攻めを受けて逃げ道を失っていたのでした。そんな時、足元で泣き声がします。

「怖いよ～、お父さ～ん、お母さ～ん」

よく見ると、それは五匹の野ネズミの子どもたちでした。彼らも火事に巻き込まれてしまい、しかも両親からはぐれてしまっている様子です。

「大変だ。ほら、こっちにおいで」

オオアナムヂが子ネズミたちを呼びました。すると、子ネズミたちは巣からヨチヨチと出てきてオオアナムヂの手から腕、肩をよじのぼって、服の中に逃げ込みました。

「ちょっと、ここに隠れておいで。危ないから顔を出しちゃダメだよ」

「うん」

子ネズミたちはオオアナムヂの言いつけを守って、服の中に入って丸くなりました。

子ネズミをふところに入れたオオアナムヂは必死で逃げ道を探しましたが、見つかりません。まわりの火は強くなるばかり。しかも、煙で息をするのも苦しくなってきました。

「もうだめだ。ここまでだ」

オオアナムヂはガクッと両ひざをついて、座り込んでしまいました。

「内はほらほら、外はすぶすぶ」

どこからか、妙な声が聞こえてきました。オオアナムヂは聞き耳をたてました。

「内はほらほら、外はすぶすぶ」

すると、服の中の子ネズミたちが騒ぎ始めました。

「お父さんだ、お父さんの声だ」

どうやら、子ネズミたちの親が近くにいて、何かを伝えようと叫んでいるようです。

しかし、まわりのどこを見ても、ネズミの姿はありません。

「ネズミはどこにいるんだ。どこにも隠れるところなんてないぞ」

オオアナムヂは自分の足元の地面を見ました。

「わかった」

オオアナムヂは大声でこう言うと、ヨロヨロと立ち上がりました。そして、最後の力を振り絞って、その場で相撲《すもう》の四股《しこ》を踏みました。


ドガッ、ボロボロボロ……ズドーン。


地面に足を踏み下ろした瞬間、地が割れ大きな洞穴《ほらあな》が現れました。

「内はほらほら、外はすぶすぶ」とは「内側には洞穴《ほらあな》があるけど、外側はすぼまっていて見えないよ」と、子ネズミたちの親が教えてくれていたのです。

オオアナムヂと子ネズミたちは、その洞穴《ほらあな》の底に落ちていきました。

穴の底では、子ネズミのお父さんとお母さんが待っていました。子ネズミたちはオオアナムヂの服から飛びだして、両親にしがみつきました。

「どこのえらい神様かは存じませんが、私どもの子どもを助けていただき、本当にありがとうございました」

ネズミの両親はオオアナムヂに、ペコペコお辞儀《じぎ》をしながらお礼を言いました。

「いえいえ、こちらこそネズミさんには命《いのち》を救ってもらいました。本当にありがとう」

オオアナムヂもネズミにお礼を言いました。

穴に落ちてから何日かたちましたが、地上の火がなかなか消えないので外に出られません。

洞穴《ほらあな》はとても大きくて深いため、火もここまではとどかないので安全です。しかし、オオアナムヂはスサノオが放った鳴鏑《なりかぶら》のついた矢を探しださなければ修行は終わらないのです。

「こんな大火事では、鳴鏑《なりかぶら》は溶けて流れてなくなってしまったのでは」

もしそうなら、火事がおさまって地上に出られても、スサノオに鳴鏑《なりかぶら》を持って帰れないので修行は失敗となってしまいます。オオアナムチはだんだん心配になってきました。

「オオアナムチ殿。どうなされました」

心配そうに外を眺めていたオオアナムチに、お父さんネズミが声をかけました。オオアナムチは、今回挑戦している修行について説明しました。

「オオアナムチ殿。その鳴鏑《なりかぶら》の絵を描いてもらえませんか。われわれの仲間で知っているものがいるかもしれません」

オオアナムチが地面に枝で鳴鏑《なりかぶら》のついた矢の絵を描きました。すると、横で見ていたお母さんネズミが「あっ」と声を上げました。

「それ、知ってますわ。野原に火事が起こるちょっと前に、私が見つけて穴の中に運び込んでおきましたの。今は子どもたちのおもちゃになってますわ」

お母さんネズミは子ネズミたちを呼んで、鳴鏑《なりかぶら》のついた矢を持ってこさせました。

「これはね、お前たちを助けてくださった、オオアナムチ様の大事なものなんだよ。お返ししなさい」

こうお母さんネズミが言うと、子ネズミたちはドキッとした様子です。

「ねぇ、これ大事なものだったの？」

子ネズミたちは、オオアナムヂに矢を返しながら言いました。

「実は僕たち、矢の羽のところを食べちゃったんだけど、怒らない？」

矢を受け取ったオオアナムヂは、にっこり笑って言いました。

「どうもありがとう。大丈夫だよ、僕が必要なのはここの部分だから」

と言って、矢の先端の鳴鏑《なりかぶら》の部分を指差しました。子ネズミたちは、それを聞いて安心してはしゃぎ回りました。

「ネズミさんたち。本当にありがとう。命《いのち》まで助けてもらった上、探し物まで見つけてもらえて」

オオアナムヂは、ネズミの家族に何度も何度もお礼を言いました。

オオアナムチ、出雲《いずも》に帰る決心をする

「オオアナムチ様が、無事にスサノオ様の宮殿に帰ってきた」

この知らせに、黄泉《よみ》の国の住民はおどろき、そして喜びました。

一番喜んだのは、もちろんスセリヒメだったでしょう。

スセリヒメはあの日から、喪具《はふりつもの》（葬式の道具）を持って泣き続けていたのでした。

そこへオオアナムチが無事な姿で戻ってきたのです。悲しみの涙は、その瞬間から喜びの涙に変わり、そしてスセリヒメはオオアナムチの腕の中に飛び込みました。

スサノオはというと、人前では一見冷淡そうにしていました。しかし、実は毎日、例の野原に行ってオオアナムチを探していたのです。そして、さすがにやりすぎたかなと思い悩んでいました。ですから、オオアナムチが鳴鏑《なりかぶら》を持って帰ってきた時には、本当は飛び上がって喜びたいのを格好つけてがまんしていたのです。

「この男、すごいやつだ。わしの跡継ぎにちょうどいい。スセリの婿《むこ》にしてこの黄泉《よみ》の国の後継者にしよう」

スサノオは、オオアナムチをすっかり気に入ってしまいました。そして、オオアナムチをずっと黄泉《よみ》の国にとどめておきたいと思っていました。

スセリヒメも、オオアナムチから二度と離れないと心に決めていました。

そんなふたりの様子から、オオアナムチは出雲《いずも》に帰りたいとは言いづらい感じがしていました。しかし一方で、オオアナムチは「いつか出雲《いずも》に帰らなければ」とも考えていました。

最近、オオアナムチは元気がありません。そして、毎日、毎日、黄泉《よみ》の国の入り口近くに座って、黄泉《よみ》の国に入ってくる亡者の列を見ています。

スセリヒメは、オオアナムチが心配になり声をかけました。

「オオアナムチ様、どうなさったのですか?」

オオアナムチは、スセリヒメを振り返り言いました。

「黄泉《よみ》の国に入ってくる亡者の数を数えていたのだよ」

「亡者の数を、ですか?」

スセリヒメは不思議そうにオオアナムチを見つめます。

オオアナムヂは言いました。

「以前、あなたから『生まれる命《いのち》と死にゆく命《いのち》の数の決まり』について教わったことがあったね」

「ええ。イザナギおじい様とイザナミおばあ様が昔お決めになった、『生まれる数は一日に千五百、死にゆく数は一日に千とする』という決まりのことですね？」

「僕は毎日ここに来て、黄泉《よみ》の国に来る亡者の数を数えているのだけれど、最近どうも亡者の数が多すぎるのだ。きっと出雲《いずも》、いや、地上では争いや病気、飢饉《ききん》が起きて死ななくてもよい命《いのち》までが死んでいる。そう思うととても心が痛むんだ」

スセリヒメはオオアナムヂをじっと見つめて話を聞いていました。そして、しばらくしてから言いました。

「あなたは、出雲《いずも》に、いいえ地上に戻るべきよ。そして、死ななくてもよい命《いのち》を救う仕事をするべきよ」

オオアナムヂはそう言うスセリヒメを見つめ、そして決心しました。

オオアナムヂ、スサノオの頭のシラミ取りをする

オオアナムヂとスセリヒメは、一緒に地上に行くことに決めました。しかし、スサノオに相談すると反対されそうなので、スサノオにばれないようにそっと黄泉《よみ》の国から逃げ出すことにして、そのチャンスを狙っていました。しかし、なかなかスサノオは隙《すき》を見せませんでした。

ある日のこと、スサノオは頭がムズムズすると言って騒ぎ始めました。

「う〜む、頭がムズムズしてかゆくてたまらんぞ」

「お父様、それ、シラミじゃありません？　そういえば最近、シラミを取ってさしあげていませんでしたもの」

スセリヒメの言葉を聞いて、スサノオは思いだしました。そうなのです、前から頭がかゆかったのですが、オオアナムヂのことが心配でかゆみのことを忘れていたのです。そこで、スサノオはオオアナムヂに自分のシラミを取らせようと考えました。

「オオアナムチよ。わしの頭のシラミを取りなさい」

「あら、私以外の人に、自分の頭を触らせるなんて、めずらしいわね」

スセリヒメはおどろいて言いました。これはスサノオが、完全にオオアナムチに心をゆるしている証《あかし》でもありました。

オオアナムチは、スサノオの頭の毛の中を探しましたがシラミはいません。

「おかしいですね。シラミなんていませんよ」

「そんなことはない。すごくかゆいんだから」

オオアナムチはスサノオに言われてよく探してみました。すると一匹のムカデが出てきました。

「あっ、ムカデがいましたよ」

オオアナムチはびっくりして言いました。

「ムカデ？　気持ち悪いな〜、さっさと捕まえてくれ」

スサノオはいまいましげに言いました。オオアナムチは、ムカデを捕まえようとしました。

「殺さないで、殺さないで」

ムカデが泣いています。

「私、ここにいたくて、いたんじゃないの。迷子になってたの」

オオアナムチは、以前修行で『むの室《むろや》』に入った時、ムカデの恋人が行方不明になったことを聞いていたのを思いだしました。

オオアナムチは「ははぁ、このムカデがそうか」と思って、ムカデをそっと捕まえて逃がしてやりました。ムカデはお礼を言いながら『むの室《むろや》』の方へ歩いていきました。

「オオアナムチ、捕まえたムカデをワシに見せてくれ。そいつのおかげで寝不足なんだ。憎い敵《かたき》をぜひ見てみたい」

それを聞いてオオアナムチはギクッとしました。もうムカデは逃がしてしまった後だからです。もういないムカデを見せようがありません。オオアナムチがあわてている様子を見て、スセリヒメが近づいてきました。オオアナムチが小声でスセリヒメに事情を話すと、「ちょっと待っていて」と言って奥の部屋に入っていきました。

オオアナムチがムカデの足が速くて捕まらない、などと言いわけをして時間稼ぎをしていると、スセリヒメが戻ってきました。そして、オオアナムチに椋《むく》の実と赤土《はにつち》

（赤茶色の土、埴輪の色）を手渡しました。

オオアナムヂはそれを受け取ると、スセリヒメを見てにっこりと笑いました。スセリヒメもにこにこしています。


ガリガリ。


オオアナムヂは椋《むく》の実を歯でかみくだきました。それから、赤土を口に含むとつばと一緒に出しました。それは、かみくだかれたムカデのからだに見えました。

「スサノオ様。ムカデはこのとおり私がかみくだいてやっつけました」

と言いながら、赤土を見せるとスサノオは納得しました。

「お前、ムカデをかみくだくなど、見かけによらず豪快じゃの〜」

そう言うと、スサノオは安心したように眠り始めました。スセリヒメを心配したり、オオアナムヂを心配したりして最近寝不足だったのに加えて、頭のかゆみも取れたので気持ちよくなってしまったのです。

宮殿大崩壊、オオアナムヂとスセリヒメの駆け落ち

眠っているスサノオを見て、オオアナムヂとスセリヒメははっとしました。スサノオに気づかれないように黄泉《よみ》の国から逃げだすのは、今しかないと気づいたからです。スセリヒメは奥の部屋に入って荷造りを始めました。オオアナムヂは、スサノオが目を覚ました時にすぐに追いかけてこられないよう、罠《わな》を仕掛けました。

オオアナムヂは、スサノオの髪の毛を宮殿の屋根の垂木《たるき》に縛りつけました。そして、宮殿の門のところに五百人くらいの人の手でやっと動かせるような大岩をおいて、スサノオが門から出られないようにふさぎました。

そうこうしているうちにスセリヒメが『生太刀《いくたち》』『生弓矢《いくゆみや》』『天《あめ》の詔琴《のりごと》』というスサノオの三つの宝を担《かつ》いでやってきました。

「こんな大切なもの持っていって大丈夫なの？　スサノオ様、怒らない？」

「でも、これは今後私たちに絶対に必要になりますわ」

大岩と門との狭い隙間《すきま》を抜けて、ふたりは宮殿の外に出ました。後はスサノオが目を覚まさないうちに、できるだけ遠くに、できるだけ早く逃げる、それしかありません。

オオアナムチは、スセリヒメと宝物などの荷物を全部自分の背中に担《かつ》いで、思いっきり走りました。

スセリヒメは思いました。オオアナムチが黄泉《よみ》の国に来た時には、自分が彼の手を引いてきたのです。今は逆にオオアナムチが自分を背負って、新しい世界に連れていこうとしているのです。そう考えていると、スセリヒメは胸がポーッと熱くなるのを感じました。

ところが、逃げる途中でオオアナムチは大変な失敗をしてしまいました。宝の一つ、天《あめ》の詔琴《のりごと》を木にぶつけて鳴らしてしまったのです。

ぽろろろろん。

美しい音色が黄泉《よみ》の国中にこだまし、大地が揺れました。

その音でスサノオは目覚めました。スサノオは飛び起きると、まわりを見回しました。すると髪の毛にくくりつけられていた宮殿の屋根が崩れ落ちました。

ドカッ、バキ、バリバリバリ……ドドーン。

スサノオはつぶれてきた宮殿の下敷きになってしまいました。しかし、こんなことぐらいでまいってしまうような神様ではありません。次の瞬間、からだの上の柱や壁を跳ねのけると走りだしました。オオアナムヂが門の前にスサノオが出られないようにおいていた大岩など、あっという間に吹っ飛ばしてしまいました。オオアナムヂの罠《わな》などスサノオにとっては、物の数ではなかったのです。

スサノオ、オオアナムヂを祝福する

地鳴りと地震のような揺れから、スサノオが目を覚まして追いかけてきていることは明らかです。オオアナムヂはなおも必死で走っていました。娘をさらって宝を盗んだとスサノオに思われたとすれば、捕まったらただではすまないと思ったからです。しかし、とうとう黄泉《よみ》の国の出口のそばの黄泉比良坂《よもつひらさか》というところで、スサノオに追いつかれてしまいました。

オオアナムヂが「もうだめだ」と思った時、地鳴りと地震がピタリと止まりました。そして代わりにスサノオの声がひびきました。

「オオアナムヂよ」

オオアナムヂは足を止め、おそるおそる振り返ってスサノオを見ました。すると、スサノオは笑っています。オオアナムヂはおどろきました。

スサノオはオオアナムヂに次のように言いました。

「オオアナムヂよ、わしの言うことをよく聞け。お前が今、手にしている生太刀《いくたち》と生《いく》弓矢《ゆみや》を使って、お前の命《いのち》を狙う悪い兄たちを打ち滅ぼせ。戦う時には坂を裾野に向かって敵を追い、川の流れに追い詰めるようにせよ。そしてお前は大国主《オオクニヌシ》となり、わが娘スセリヒメを妻にして、出雲《いずも》の宇賀の地に地底の岩まで深く柱を掘り立て、天まで届く大社を打建てて、そこで幸せに暮らすのだ。よいか、お前は大国主《オオクニヌシ》となるのだ」

そう言うとスサノオはくるりと向きを変えると、黄泉《よみ》の国深く帰っていきました。オオアナムヂとスセリヒメはスサノオに手を振りました。そして、地上の世界に向けて歩きだしました。

兄神たちとの戦い

「木の国で行方不明になっていたオオアナムヂが帰ってきた」

この噂《うわさ》は、またたく間に出雲《いずも》の地にも伝わりました。

生太刀《いくたち》、生弓矢《いくゆみや》という強力な武器と天《あめ》の詔琴《のりごと》という王者の証《あかし》を持ち、そしてスサノオの娘、スセリヒメを連れているというのです。

「オオアナムヂは強いだけではない。けがや毒の治療方法にも詳しく、また、農作物に害をあたえる鳥や獣、虫の被害を防ぐ知識にも優れている。そして、旅の先々で医術や農業の知識を広めているそうだ」

それを聞いて出雲《いずも》の人々は喜びました。最近では、戦争や病気、飢饉《ききん》で多くの人が命《いのち》を失っていたからです。

「オオアナムヂ様が、出雲《いずも》の地にお帰りになって大国主《オオクニヌシ》として国を治めてくれれば、みな幸せになれる」

そんな言葉があちこちで聞かれるようになりました。

それを聞いておもしろくないのは、オオアナムヂの命《いのち》を狙っていた兄神たちです。またしても、オオアナムヂを殺して、彼の宝とスセリヒメを奪ってしまおうと考えました。

そして、ついに八十人の兄神たちは、オオアナムヂとスセリヒメの居場所をつきとめてやってきたのです。

オオアナムヂは、スサノオから黄泉比良坂《よもつひらさか》の別れの時に言われたことを思いだしました。「戦う時には坂を裾野に向かって敵を追い、川の流れに追い詰めるようにせよ」という言葉です。これは高い場所から低い場所の敵を攻める方が有利であり、また、敵を足場の悪い川の中などへ誘い込むことで、敵の動きを鈍らせることができるということなのです。たしかに、生太刀《いくたち》、生弓矢《いくゆみや》は強力な武器ではありますが、武器の威力だけに頼っていてはだめで、戦う者自身が上手な戦い方をしなければ、強敵には勝てないというスサノオからオオアナムチへのアドバイスだったのです。

「スサノオ様でさえ、首八本の八股《やまた》の大蛇《おろち》に苦戦したのだ。スサノオ様より力の弱い自分が、その十倍の八十の敵と戦わなければならないのだ。決して油断してはいけないぞ」

オオアナムチはそう自分に言い聞かせました。

オオアナムチは、兄神たちを見下ろすように丘の上に立ちました。そして、兄神たちに言いました。

「兄さんたち、兄さんたちとはできれば戦いたくない。過去のことは水に流すから、これからはお互いに仲よく暮らそうではないか」

しかし、兄神たちはオオアナムチをばかにして言いました。

「何を言うか。われら兄弟の召使いの身分であったお前が生意気な」

「そうだ。お前の宝はすべてわが物にしてやる」

「スセリという女は、一生われわれの奴隷《どれい》として使ってやる」

「そうだ」

「そうだ」

オオアナムチはスセリヒメを奴隷《どれい》にするという言葉を聞き、稲羽《いなば》の気多《けた》の岬の砂浜に倒れていたウサギの姿を思いだしました。そして、真っ青な顔をしてふるえているスセリヒメを自分のそばに引き寄せました。

「それでは、お前たちはどうあっても私を殺し、スセリヒメを奪う、そう言うのだな」

オオアナムチの声は怒りにふるえ、いつもの温和な表情は憤怒《ふんぬ》の形相《ぎょうそう》になりました。

「蛇蝎《だかつ》（蛇やサソリ、ムカデなどの毒虫）たちとさえ、話しあえば理解しあえた。しかし、お前たちとは話しあいは無意味だった。私自身が殺されるだけならかまわぬが、わが愛する妻を奪い、奴隷《どれい》とするなどとは、決してゆるすことはできん。私はお前たちと戦って愛する者を守る」

オオアナムチは、兄神たちに戦いを宣言しました。

ついに兄神たちは一斉に剣を抜き、野蛮な叫び声を上げて丘の上のオオアナムチとスセリヒメに向かって突撃してきました。しかし、オオアナムチたちのいる丘の上まで、なかなか登ることができません。

そこへ、オオアナムヂは生弓矢《いくゆみや》を、先に登ってくる敵から順番に射込んでいきました。まるで矢は生きて目がついているかのように、狙った相手に確実に命中していきます。兄神たちは、オオアナムヂのところに行き着く前に次々に射られてしまいました。

「こちらも弓を使え」

兄神たちは横隊を組み、矢を一斉に放ちました。一度に何十本という矢が、オオアナムヂとスセリヒメに向かって降り注ぎました。矢で日の光がさえぎられ、辺りが暗くなるほどの一斉射撃です。

「オオアナムヂ様を殺させはしない」

スセリヒメはそう叫ぶと、頭上に何かを振り広げました。すると敵の矢が次々と打ち払われて、地面に叩き落されていきました。

見るとスセリヒメは、領巾《ひれ》を頭上で打ち振っていました。そう、黄泉《よみ》の国での修行の時に、オオアナムヂを蛇、ムカデ、ハチから守った領巾《ひれ》です。今はスセリヒメがそれを使い、雨のように降り注ぐ矢からオオアナムヂを守ったのです。そして、その間にもオオアナムヂは生弓矢《いくゆみや》で攻撃して敵を倒していきました。

兄神たちは数が少なくなり退却を始めました。オオアナムヂは、生太刀《いくたち》を抜いて坂を下って敵を追いました。生太刀《いくたち》の威力はものすごく、敵の鎧《よろい》や兜《かぶと》をまるで紙であるかのように簡単に切ってしまい、剣を合わせれば相手の剣を叩き折ってしまうのです。スセリヒメもオオアナムヂにピタリとついて走り、後ろや横からの敵の攻撃を、領巾《ひれ》を打ち振って防ぎました。

ついに残ったすべての敵を川の中に追い詰めました。そして、川の流れに足を取られて動きが鈍くなった敵を、次々とオオアナムヂは倒していきました。

オオアナムヂとスセリヒメは、たったふたりで八十人の悪い兄神たちをすべてやっつけたのです。

オオアナムヂ、スクナヒコナと国づくりにはげむ

オオアナムヂとスセリヒメが出雲《いずも》の国に入りました。

オオアナムヂの母神のサシクニワカヒメをはじめ、多くの神や人々がふたりを出迎えました。

みな、乱暴者の八十人の兄神にひどい目に遭《あ》わされていたので、彼らをやっつけたふたりは英雄として大歓迎されました。そのようなわけで、オオアナムヂが大国主《オオクニヌシ》になることに反対する者は、だれ一人いませんでした。

大国主《オオクニヌシ》になったオオアナムヂは、スサノオに言われたとおり、出雲《いずも》大社を建て、スセリヒメをお嫁さんに迎えて、そこで一緒に暮らし始めました。

ところが、オオアナムヂは大国主《オオクニヌシ》になったものの、困ったことがありました。それは、国づくりを進める上で、オオアナムヂの仕事を補佐してくれる者が不足していることでした。今まで、オオアナムヂとスセリヒメふたりだけで協力してやってきたのですが、国をまとめるとなるとやはりふたりだけでは無理なのです。

ある日、オオアナムチが出雲《いずも》の御大《みほ》の御崎《みさき》（現在の島根県美保の岬）の海岸に座っていた時のことです。蝶の羽根でつくった着物を着た小さな男の子が、芋を二つに割ってつくった舟に乗って海を渡ってやってきたのです。

その男の子がとてもかわいかったので、オオアナムチは捕まえて手の上にのせて遊んでいました。しかし、男の子は怒ってオオアナムチの顔にかみつきました。小さいが、なかなか強いと感心したオオアナムチは、この男の子を連れて出雲《いずも》大社に戻ってきました。

「ところで、この男の子はどこの子なのだろう？」

オオアナムチはあちこちで聞いてみましたが、だれも知らないと言います。するとある時カエルが言いました。

「崩彦《くえびこ》（山の田んぼのカカシのこと）が知ってるよ。あれは田んぼに突っ立って、毎日毎日いろいろなことを見聞きしているからね。物知りなんだよ」

オオアナムチはさっそく崩彦《くえびこ》のところに行って、男の子のことを聞いてみました。

崩彦《くえびこ》はすぐに答えました。

「その小さな男の子はスクナヒコナ（少名比古那神《スクナヒコナノカミ》）という神様だ。カミムスヒの神様の子どもだよ」

カミムスヒの神は、以前オオアナムヂが兄神たちにイノシシ狩りに誘われ、焼いた岩で焼き殺されかけた時に助けてくれた神様です。さっそく、カミムスヒの神にお伺いを立てたところ、間違いなく自分の子スクナヒコナだとのことです。あまりに小さいので手の隙間《すきま》から落っこちていなくなっていたとのことでした。そして、うれしいことにカミムスヒの神が、スクナヒコナにオオアナムヂの弟として国づくりの手伝いをするように言ってくれたのです。オオアナムヂに立派な補佐役ができました。


それからというもの、オオアナムヂとスクナヒコナは、出雲《いずも》の国（現在の島根県）ばかりではなく、播磨《はりま》の国（現在の兵庫県）、伊予《いよ》の国（現在の愛媛県）、尾張《おわり》の国（現在の愛知県）、伊豆《いず》の国（現在の静岡県）など遠くまで足を運んで、人々に医術と農業の知識の普及に努めました。特に温泉が健康によいということは、国づくりの旅の途中でふたりが発見しました。それまで人間の寿命はとても短かったのですが、ふたりの努力によってだんだん長くなっていきました。

しばらくして、スクナヒコナは伯耆《ほうき》の国（現在の鳥取県）で粟を育てる実験をしていたところ、実った粟の穂を観察していた時に茎にはじかれて飛ばされ、行方不明になってしまいました。しかし、それまでの間よくオオアナムヂを助けて国づくりに貢献し、人々の生活を安全で豊かなものにしたのです。

ちなみに、行方不明というとちょっと心配になるので、お知らせしておきますが、このスクナヒコナという神様はこれ以降も時々顔を出しています。今から約千二百年前には、常陸《ひたち》の国の大洗《おおあらい》の磯（現在の茨城県大洗海岸付近）に「私は昔、国づくりをして東の海に帰ったが、今また民衆を救うためにやってきた」と言って、再び姿を現したと『日本文徳《もんとく》天皇実録』という歴史書に記録されています。オオアナムヂのところにスクナヒコナが現れた時も、国づくりを手伝ってくれる者が不足して困っている時であったことから、スクナヒコナは困った人がいるとやってきて、問題が解決すると去っていくといった性格の神様なのかもしれません。

スクナヒコナが行方不明になった後、オオアナムヂが悲しんでいると、またオオアナムヂの国づくりを手伝ってくれる神が現れました。

海を照らして現れた神にオオアナムヂは聞きました。

「あなたはどなたですか？」

「私はあなたに幸せをもたらす不思議な魂『幸魂《さきみたま》・奇魂《くしみたま》』です。あなたの国づくりをお手伝いしましょう」

オオアナムチはそれを聞いて喜んで言いました。

「あなたを、どこへお祀《まつ》りすればよろしいでしょう？」

「大和《やまと》の国《くに》（現在の奈良県）の山々が、青い垣根のように取り巻いている東の山に私を祀《まつ》りなさい」

オオアナムチはその神様を御諸山《みもろやま》（現在の奈良県桜井市三輪山）にお祀《まつ》りしました。

現在、そこには大神《おおみわ》神社があります。

このようにほかの神様の協力もあって、オオアナムチの国づくりは進み、おかげで地上の世界は、彼が大国主《オオクニヌシ》になる前と後では、まったくちがう世界と言ってよいほどすばらしくなっていたのです。

オオアナムヂとスセリヒメ

国づくりが進み、人々が幸せになっていくのはよいことです。ところがひとりだけさびしい思いをしていたのが、出雲《いずも》大社で留守番をしているスセリヒメでした。オオアナムヂはスクナヒコナと一緒に、あちこちの土地を回って仕事をしているのですが、オオアナムヂが留守の間は、出雲《いずも》の国や出雲《いずも》大社の管理はスセリヒメがひとりで残ってやらなければなりません。

オオアナムヂとふたりでゆっくり過ごしたいとスセリヒメは思うのですが、オオアナムヂは人から医術や農業についての相談を受けると、すぐに出かけて手助けをしていました。そのために、オオアナムヂは出雲《いずも》大社にいないことの方が多かったのです。

もうひとつ、スセリヒメが心配していたことがありました。オオアナムヂがたくさんの女神や女性から好かれているということでした。

たしかに好かれるのは当然なのです。顔立ちもよいし、強いし、頭もよいし、やさしいし……。

しかも、仕事で出かけた先では、歓迎の宴会が開かれます。すると、必ずその国のナンバーワンの美女がオオアナムヂのお酌の係をしているのです。

そして嫌なのは、噂《うわさ》話が聞きたくもないのに聞こえてくることです。稲羽《いなば》の国のヤガミヒメ、高志《こし》の国のヌナカワヒメ、宗像《むなかた》の奥津宮《おきつみや》のタキリヒメなどたくさんの美人がオオアナムヂに好意を寄せているとか、だれだれとオオアナムヂがデートしているところを見たといった噂《うわさ》です。

スセリヒメは気にしないようにしていたのですが、ひとりぼっちでいると、ついついよけいなことを考えて落ち込んでしまうのでした。そのため、本人も知らないうちにだんだん笑顔がなくなり、言葉も少なくなっていったのです。

スセリヒメの変化にオオアナムヂも気づいていました。そこで、オオアナムヂはなるべくスセリヒメに話しかけようとするのですが、どうもスセリヒメの返事がそっけないので嫌われてしまったのでは、とだんだん不安になっていました。

ある日、オオアナムヂが大和《やまと》の国に出かける用事があり、旅の準備をしていました。スセリヒメは黙って旅仕度を手伝っていました。しかし、表情は固く、青ざめて見えます。

オオアナムヂは「スセリヒメは僕が旅立つのにさびしいと思わないのだろうか？」と思い、鞍《くら》に片手をかけたり、鐙《あぶみ》（馬に乗った時に足を乗せる場所）に片足だけ乗っけたりと、今にも出発するような素ぶりを見せながら時間稼ぎをしていました。本当は「何か僕に話したいことはないの？　話すなら今だよ」と言いたかったのです。こうして、オオアナムヂはスセリヒメが自分に何か言ってくれないかと待っていました。

しかし、スセリヒメはとうとう何も言ってくれません。

なぜ、スセリヒメは何も言わないのでしょう。それはスセリヒメが、オオアナムヂが出かけてしまうことが悲しくて、泣くのをがまんしていたからです。オオアナムヂの顔を見たり、声をかけたりしたとたん涙がこぼれたら、これから旅立つオオアナムヂを心配させてしまうと思っていたからです。

オオアナムヂはスセリヒメの本心がどうしても知りたいと思い、何か方法はないか必死に考えました。そして、思い切って次のような歌を歌いました。

ぬばたまの　黒き御衣《みけし》を　まつぶさに　取り装《よそ》い　沖つ鳥　胸《むな》見る時

ははたぎも　これは適《ふさ》はず　邊《へ》つ波　そに脱《ぬ》ぎ棄《う》て

（美しい黒髪のように黒い色の着物を、しっかりと身につけて、海鳥が身づくろいをするように、裾の端をたぐりよせてみたが、どうも似合わないので寄せる波にその衣を脱ぎすてた）

そに鳥の　青き御衣《みけし》を　まつぶさに　取り装《よそ》い　沖つ鳥　胸《むな》見る時

ははたぎも　此《こ》も適《ふさ》はず　邊《へ》つ波　そに脱《ぬ》ぎ棄《う》て

（カワセミのような青い色の着物を、しっかりと身につけて、海鳥が身づくろいをするように、裾の端をたぐりよせてみたが、これも似合わないので寄せる波にその衣を脱ぎすてた）

山縣《やまがた》に　蒔《ま》きし　あたね春《つ》き　染木《そめき》が汁《しる》に　染《そ》め衣《ころも》を　まつぶさに　取り装《よそ》い

沖つ鳥　胸《むな》見る時　ははたぎも　此《こ》し宜《よろ》し

（山の畑に蒔《ま》いたアカネ草の染め汁で染めた赤い色の着物をしっかりと身に着けて、海鳥が身づくろいをするように、裾の端をたぐりよせてみた。これはとても

よく似合っている。出発の準備万端だ）

いとこやの　妹《いも》の命《みこと》　群鳥《むらとり》の　我《わ》が群《む》れ往《い》なば　引《ひ》け鳥の　我《わ》が引け往《い》なば
泣かじとは　汝《な》は言ふとも　山處《やまと》の　一本薄《ひともとすすき》　項傾《うなかぶ》し　汝《な》が泣《な》かさまく
朝雨《あさあめ》の　霧《きり》に立たむぞ　若草の　妻の命《みこと》　事の　語言《かたりごと》も　是《こ》をば
（いとしいスセリヒメよ、私が群れ鳥のように群れ飛んで旅立ってしまったなら、引かれ鳥のように、引かれていってしまったなら、泣かないとお前はがまんしていても、山の中にたった一本だけで立っているススキのように頭をうなだれて、朝もやの中でお前は泣いてしまうのではないか）

オオアナムチが心を込めて歌う歌を、スセリヒメはじっと聞いていました。すると、スセリヒメは小さな肩をふるわせてシクシクと泣き始めました。歌が終わるころには大粒の涙を流しながら泣いていました。

オオアナムチはびっくりして、スセリヒメのそばまで行くとしっかりと抱きしめました。

スセリヒメはオオアナムヂに抱きしめられながら、次の歌を歌ってオオアナムヂに自分の心を打ち明けました。

八千矛《やちほこ》の　神の命《みこと》や　吾《あ》が大国主《オオクニヌシ》　汝《な》こそは　男《を》に坐《いま》せば　打《う》ち廻《み》る　島の埼埼《さきざき》
かき廻《み》る　磯《いそ》の埼落《さきお》ちず　若草の　妻待たせらめ

（ヤチホコノミコト（八千本の矛《ほこ》を振り回すほどに強い神：オオアナムヂの別名）よ、私たちのオオクニヌシ（国を治める立派な主人：これもオオアナムヂの別名）あなたはすてきな方なので、あなたがめぐる島々や、磯の先々には、あなたに好意を寄せる女性がたくさんいるのでしょうね）

吾《あ》はもよ　女《め》にしあれば　汝《な》を除《き》て　男《を》は無し　汝《な》を除《き》て　夫《つま》は無し
綾垣《あやかき》の　ふはやが下に　苧衾《むしぶすま》　柔《にこ》やが下に　たく衾《ぶすま》　さやぐが下に
沫雪《あわゆき》の　若やる胸を　たく綱《づの》の　白き腕《ただむき》　そだたき　たたきまながり
眞玉手《またまで》　玉手《たまで》さし枕《ま》き　百長《ももなが》に　寝《い》をし寝《な》せ　豊御酒《とよみき》　奉《たてまつ》らせ

（私もそんな女のひとりなのですよ。あなた以外に好きな男の方はいません。あなた以外に夫はいりません。綾織物のふんわりとした壁代《かべしろ》のお部屋で、柔らかな布団の中で、さわさわと音のする布団の中で、沫雪《あわゆき》のような私の胸を、やさしくなでて、お互いの腕と腕をからめて、いつまでもいつまでも眠っていてください。お酒もどうぞいただいてくださいな)

オオアナムヂはこれを聞いて、自分がスセリヒメに嫌われていたのではないことを知りとても喜びました。

スセリヒメは歌に託して自分の素直な気持ちをオオアナムヂに伝えることができたので、心が軽くなり、笑顔と言葉を取り戻しました。

オオアナムヂは、さらにぎゅっと力を込めてスセリヒメを抱きしめました。

その後、オオアナムヂは出雲《いずも》大社から出ることはなくなり、ずっとスセリヒメと一緒に暮らすようになりました。そして、このふたりの神様がとても仲よしなことから、出雲《いずも》大社は縁結びのお社と言われるようになり、今日も多くの恋人たちやご夫婦が参拝に訪れているのです。

おまけのページ

みなさんはこの歌を知っていますか?

大黒様《だいこく》

一番

大きな袋を　かたにかけ
大黒様が　来かかると
そこにいなばの　しろうさぎ
皮をむかれて　あかはだか

二番

大黒様は　あわれがり
「きれいな水に　身をあらい
がまの穂わたに　くるまれ」と

よくよくおしえて　やりました

三番　大黒様の　言うとおり
きれいな水に　身をあらい
がまの穂わたに　くるまれば
うさぎはもとの　しろうさぎ

四番　大黒様は　誰だろう
大国主の　みこととて
国をひらきて　世の人を
たすけなされた　神さまよ

実は『大黒様《だいこく》』も大国主《オオクニヌシ》の名前の一つだったんですね。今回のお話の中でも『オオアナムヂ（穴、地底につながりのある神）』と呼ばれたり、『アシハラノシコオ（地上一のブ男）』と呼ばれたり、いろいろな名前で呼ばれていましたね。ほかにも『ヤチホコノカミ（たくさんの矛《ほこ》を持った戦いに強い神）』『ウツシクニタマノカミ（この世の国のすばらしい宝玉のような神）』とか呼ばれることがあります。

日本の神様はすごく名前が長かったり、ひとりの神様が何通りもの別の名前で呼ばれたりしているので、ややこしいです。でも、覚えていくとその神様の性格がわかるし、神様同士の関係もわかってきておもしろくなります。たとえば七福神の『えびす様（魚のタイを持っている神様）』は『事代主《コトシロヌシ》』とも呼ばれる神様ですが、この神様は大国主《オオクニヌシ》（オオアナムヂ）の子どもです。ちなみに、大国主《オオクニヌシ》（オオアナムヂ）の子どもは百八十一人いたんだって。すごいね。

第四話　国譲りと天孫降臨《てんそんこうりん》

以前、アマテラスとスサノオが天《あめ》の真名井《まない》の川辺で賭《か》けをした時に、とても長い名前の男の子の神様が生まれたのを覚えていますか。

マサカツアカツカチハヤヒアメノオシホミミ

（正勝吾《マサカツア》勝勝速日《カツカチハヤヒ》天　忍穂《アメノオシホ》耳　命《ミミノミコト》）

スサノオがアマテラスの宝玉を使って、この神様を生みだしました。そして、その後はアマテラスが天界で育てました。これは生みの親はスサノオ、育ての親はアマテラスということです。神々の中でも最も力のあるふたりの神を親に持つこの神様は、正統な天の皇太子です。

実はこの神様は、現在の天皇陛下の遠い遠いご先祖様にあたります。

これから始まるこのお話は、この神様の子孫から第一代目の神武天皇がお生まれになるまでのお話です。

アマテラス、神々の会議を招集する

ある日、アマテラスは高天原《たかまがはら》の宮殿にオシホミミ（マサカツアカツカチハヤヒアメノオシホミミのこと）と八百万《やおよろず》の神々を集めて次のように宣言しました。

「オシホミミも立派に成長しました。『豊葦原《とよあしはら》の千秋《ちあきの》長五百秋《ながいほあき》の水穂国《みずほのくに》』（地上の国の名前、昔の日本の呼び名）は天で統治者としての教育を修めた、わが子、天の皇太子であるオシホミミが統治することとします」

しかし、オシホミミが言いました。

「先日のことですが、私は天《あめ》の浮橋《うきはし》（虹のこと）に立って下界の物音を聞いていたのですが、ひどく騒々しく混乱している様子でした」

オシホミミが不安な顔をしていますので、アマテラスはタカミムスヒ（高御産巣日神《タカミムスヒノカミ》）に相談しました。

タカミムスヒはアメノミナカヌシ（天之御中主神《アメノミナカヌシノカミ》）やカミムスヒ（神産巣日神《カミムスヒノカミ》）と同じ、宇宙の中心にいる大神様のうちのひとりです。

タカミムスヒは、会議を開いてみなから意見を聞いて決めるのがよいと言いました。

そこで、アマテラスは天《あめ》の安《やす》の河の河原に八百万《やおよろず》の神々を集め会議を開くことにしました。

アマテラスは神々に次のように言いました。

「地上の国は、わが子オシホミミが統治すると言いましたが、地上には乱暴な国津神《クニツカミ》（地上の神々のこと）がとても多い様子です。このままオシホミミが地上に降りると天界と地上の戦争になるかもしれません」

アマテラスの「戦争になる」という言葉を聞いて、神々はおどろいて騒ぎ始めました。アマテラスは右手をかざして神々に静かにするようながしてから、続けて言いました。

「そこで、地上と戦争になるのを避けて、オシホミミが降臨《こうりん》（地上に降り統治にのぞむこと）するためにはどうしたらよいか、みなで考えてほしいのです」

神々の会議、地上へ使者を送ることに決する

神々は考えました。とても難しい問題です。

地上は現在、スサノオの子孫の大国主《オオクニヌシ》とスサノオの娘スセリヒメが力を合わせて立派に統治しています。しかし、少し前までは八十神《ヤソガミ》（大国主《オオクニヌシ》の八十人の兄弟で乱暴者）が暴力で人々を支配していました。また、今はよくても、大国主《オオクニヌシ》の子孫がまた乱暴な支配者になるかもしれません。

地上の国の今後の安泰《あんたい》を考えれば、アマテラスから天界で統治者としての教育を受けたオシホミミとその子孫が統治した方がよいことは明らかです。しかし、オシホミミが地上に降臨することで、天界と地上の国との戦争になるかもしれないのです。はたしてよい方法はあるのでしょうか。

オモイカネ（思金神《オモイカネノカミ》）が議長となって、神々は話しあいました。オモイカネは、アマテラスを『天《あめ》の岩戸』から出すための作戦会議の議長を務めた神様です。

「力で人々を従わせる国津神《クニツカミ》の統治より、人と人との和を大切にし、お互いを信頼することによって治める天津神《アマツカミ》の方がすぐれていることは明らかだ」

「そうだ、地上の人々も天の統治を行うオシホミミ様が降臨《こうりん》した方が、幸せになれるはずだ」

「そうだ」

「そうだ」

「だけど、今、地上は大国主《オオクニヌシ》が立派に治めていますわ。彼は天の統治の仕方と同じ考え方で治めています」

実際にそうなのです。大国主《オオクニヌシ》は力で人々を無理やり支配しているのではなく、農業や医術の普及によって人々を幸せにすることで、穏やかに国を治めているのです。

「立派に治めているところに行って、『あなたたちの統治の仕方はおかしいから、私たちに国を譲りなさい』と言ったら、私たちが言いがかりをつけて国を乗っ取りに来たと相手は思うのではなくて？」

「たしかに、大国主《オオクニヌシ》の統治は立派だが、それはあくまで彼自身が立派だからうまくいっているのであって、彼の兄弟は乱暴者だったし、彼の子孫が乱暴者で今後ひどい統治に戻らないとも限らないのではないか？」

「やはり、きちんとした天の統治を学んだ者が、地上を治める方がいいと思うな」

するとひとりの神様が言いました。

「もしかしたら、大国主《オオクニヌシ》が地上の国を統治している今だからこそ、天に国を譲ってもらうチャンスなのではなくって？」

「え～」

意外な発言に神々は驚きました。発言した神は続けて言いました。

「大国主《オオクニヌシ》という立派な神だからこそ、私たちの考えをしっかりと説明すればわかってもらえるんだと思うわ。大国主《オオクニヌシ》以外の乱暴者が支配者だったら、いくら説明してもわかってもらえずに戦争になるんじゃないかしら」

「なるほど」

「そうだ、そのとおりだ」

天の神々、大国主《オオクニヌシ》に使者を送る

「それでは、オシホミミ様に降臨《こうりん》していただく前に、大国主《オオクニヌシ》に使者を送って、天界の考えを事前に説明することにしよう」

「それがいい」

「オシホミミ様の弟君のアメノホヒ（天菩比神《アメノホヒノカミ》）を使者として遣わしましょう」

このように全会一致でアマテラスに神々は進言しました。

アマテラスは会議の決定に従って、地上の大国主《オオクニヌシ》の元にアメノホヒを使者として遣わしました。

アメノホヒはさっそく出雲《いずも》の国に降り立ち、大国主《オオクニヌシ》に面会しました。

「アメノホヒ様。あなたはアマテラス様の治める天界の神ではありませんか。ようこそ、地上の葦原中国《あしはらのなかつくに》（昔の日本の呼び名）にいらっしゃいました」

大国主《オオクニヌシ》は大喜びでアメノホヒを歓迎しました。そして、宴会を開いてもてなしたり、国中を案内したりしました。
「これはすばらしい！　大国主《オオクニヌシ》様は大したものだ。こんなに立派に国を治めていると
は！」
アメノホヒは、地上の人々が幸せに暮らしている様子を見てとても感心しました。
そしてアメノホヒは大国主《オオクニヌシ》をとても尊敬するようになり、ついには大国主《オオクニヌシ》の臣下にな
ってしまいました。
こうして、アメノホヒは使者としての役目をすっかり忘れてしまったのでした。

アメノホヒが地上に降りてから三年たちましたが、彼から天界に何の報告もありま
せん。アマテラスとタカミムスヒは不思議に思い、神々に聞きました。
「いつまで待っても、アメノホヒから何の連絡もありません。いったいどうしたこと
でしょう。また使者を送りたいと思いますが、だれがよいでしょう」
神々は会議を開いて使者を決め、オモイカネがアマテラスに言いました。
「アマツクニタマ（天津国玉神《アマツクニタマノカミ》）の子、アメノワカヒコ（天若日子）を派遣しまし
ょう」

アマテラスは会議の決定に従い、アメノワカヒコを大国主《オオクニヌシ》のもとに遣わすことにしました。しかも、今度はアメノワカヒコに天之麻迦古弓《あめのまかこゆみ》と天之波波矢《あめのははや》という強力な弓と矢を授けました。これを持っていれば天界の使者の証《あかし》となります。また、アメノワカヒコが万一国津神《クニツカミ》に攻撃された時に身を守ることができます。

アメノワカヒコはただちに出雲《いずも》の国に降り立ち、大国主《オオクニヌシ》に面会しました。するとアメノホヒの時と同じように、大国主《オオクニヌシ》はアメノワカヒコを大歓迎しました。

アメノワカヒコは大国主《オオクニヌシ》の娘シタテルヒメ（下照比売）をお嫁さんにもらいました。そして、アメノワカヒコは大国主《オオクニヌシ》に気に入られたのをよいことに、自分が大国主《オオクニヌシ》の跡継ぎになって地上の国を統治したいと考えてしまったのです。当然、アメノワカヒコは使者としての役目は果たしませんでした。

アメノワカヒコ、天の使いを射殺する

アメノワカヒコが地上に降りてから八年たちましたが、彼から天界に何の連絡もありません。アマテラスとタカミムスヒは、また神々に相談しました。

「アメノワカヒコからも、いつまでたっても何の連絡もありません。なぜ、連絡をしないのか、アメノワカヒコにだれか使いを送って聞いてこさせたいと思います。だれを使いに出したらよいでしょう」

また神々は会議を開いて使いの者を決めることにしました。オモイカネが言いました。

「ナキメ（鳴女）という名の雉鳥《きじ》を使いに出しましょう」

アマテラスは、神々の決定に従ってナキメを呼んでこう言いました。

「ナキメ。あなたはアメノワカヒコのところに行ってこう聞きなさい。『アメノワカヒコ。あなたの役目は、国津神《クニツカミ》に日の神の子（アマテラスの子、オシホミミ）に国を譲るように伝えて、その理由を説明することです。八年もの間、その役目を果たした

かどうか連絡もよこさないのはどうしたことですか？』ってね」

ナキメはアマテラスの言いつけを守って、ただちに地上のアメノワカヒコのもとに飛びました。そしてアメノワカヒコの家の門のところにある桂の木の上にとまり、アマテラスから言いつけられたとおりに鳴きました。

『アメノワカヒコ。あなたの役目は、国津神《クニツカミ》に日の神の子に国を譲るように伝えて、その理由を説明することです。八年もの間、その役目を果たしたかどうか連絡もよこさないのはどうしたことですか？』

ナキメの鳴き声を聞いていたのは、アメノサグメ（天佐具売）という巫女《みこ》でした。アメノサグメはナキメの鳴き声が嫌な声に聞こえたので、アメノワカヒコに次のように言いました。

「あの雉《きじ》鳥の鳴き声は変です。射殺してしまった方がよいでしょう」

なるほどと思ったアメノワカヒコは、アマテラスから授かった弓と矢でナキメを射殺してしまいました。

弓矢の威力はものすごく、矢はナキメの胸を貫いてさらに空高く飛んでいってしまいました。

アマテラスとタカミムスヒが天《あめ》の安《やす》の河の河原を歩いていると、そこに突然矢が飛んできました。タカミムスヒが、その矢をあわてて手でつかみ、止めました。

アマテラスとタカミムスヒが矢をよく見ますと、それはアメノワカヒコに授けた天《あめ》之《の》羽《は》羽《は》矢《や》だったのです。しかも矢には血がついています。

おどろいたアマテラスはただちに神々を集めました。

タカミムスヒが血のついた矢を右手に持って、神々の前にかざして言いました。

「これは、アマテラス様がアメノワカヒコに授けた天之《あめの》羽《は》羽《は》矢《や》である。血のついたこの矢が先刻、天《あめ》の安《やす》の河の河原に飛んできたのだ」

「アメノワカヒコの矢だって」

「しかも血がついているんだって？」

「もしや、アメノワカヒコと国津《クニツ》神《カミ》が地上で戦っているのでは？」

タカミムスヒからの報告に神々は動揺しました。タカミムスヒは神々のおしゃべりをやめさせてから、次のように言いました。

「私はこの矢を返し矢にして、送り返したいと思います」

返し矢とは、相手が射ってきた矢をそのまま射返すことです。

「もし、アメノワカヒコが悪い国津神《クニツカミ》を射った矢であるならば、この矢はアメノワカヒコには当たらない。もし、アメノワカヒコに邪《よこしま》な心があるならば、アメノワカヒコはこの矢に当たって滅んでしまう」

タカミムスヒはこう言うと、矢の飛んできた方角に返し矢を射ました。

アメノワカヒコのお葬式

アメノワカヒコが朝、床に入って寝ているところに矢が飛んできました。アメノワカヒコは地上の国を横取りしてしまおうという邪《よこしま》な心がありましたので、返し矢が彼の胸に当たって死んでしまいました。

アメノワカヒコが突然死んでしまったので、妻のシタテルヒメは大きな声で泣き叫びました。その泣き声は風に乗って、天界のアメノワカヒコの父アマツクニタマのところまで届きました。アマツクニタマは家族を連れて下界に降りてきて、アメノワカヒコのお葬式を八日八夜執り行いました。
お葬式には、アメノワカヒコの親友アヂシキタカヒコネ（阿遅志貴高日子根神《アヂシキタカヒコネノカミ》）も参列しました。
アヂシキタカヒコネは大国主《オオクニヌシ》の子のひとりで、次のように歌われる立派な神様です。

天なるや　弟棚機《おとたなばた》の　項《うな》がせる　玉の御統《みすまる》
御統《みすまる》に　穴玉はや　み谷　二渡らす　アヂシキタカヒコネの神ぞ
（天の機《はた》織りの乙女の首にかかっている首飾りの玉は、大きな谷を二つにも渡って光り輝きます。その玉と同じようにアヂシキタカヒコネはすばらしく光り輝く神様です）

そのアヂシキタカヒコネは、死んだアメノワカヒコと姿形がそっくりだったので、アメノワカヒコの父アマツクニタマと妻シタテルヒメが彼の姿を見て、アメノワカヒコが生きていたと勘違いして大騒ぎになりました。

「私の子どもは死んでいなかった」

「私の夫は死んでいなかった」

ふたりはそう言うと、アヂシキタカヒコネの手足をつかんで泣きました。

しかし、生きている人を死んだ人とまちがえることは、とても不吉で失礼なことなのです。アヂシキタカヒコネは、怒って腰の剣で喪屋《もや》（お葬式を行う家）の柱をちょん切って蹴っ飛ばして帰ってしまいました。

（この時に喪屋《もや》がつぶれて落ちてできた山が、美濃《みの》の国《くに》（現在の岐阜県）の藍見川《あいみがわ》（現在の長良川）の川上の喪山《もやま》ということです）


一方、アマテラスはナキメからの連絡を待っていました。しかし、すでにナキメは死んでしまっているので、連絡があるわけがありません。

この時から、お使いに出ていったきりで何の連絡もないことを『雉《きざし》（きじ）の頓使《ひたづかい》（片道使い）』と言うようになったのです。

タケミカヅチを使者にたてる

アメノホヒ、アメノワカヒコ、ナキメと使者やお使いを地上に送りましたが、何の連絡もありません。もう、最初の使者を送ってから十一年もたってしまいました。

アマテラスは困ってしまいましたが、また地上に使者を送ってみようと神々に相談しました。

「地上への使者はだれがよいでしょう」

神々は、使者として役目をしっかりと理解していて、きちんとやりとげる者で、また相手におどされても屈しない、強い神様がいいということになりました。そして、全会一致で次の名を上げました。

「タケミカヅチが使者として適任である」

みなさんは以前、神々の母イザナミがお産が原因で死んでしまい、その時に生まれた火の神ヒノカグツチを、神々の父イザナギが怒ってちょん切ってしまったことがあったのを覚えていますか。この時、ヒノカグツチの血から生まれたのがタケミカヅチ（建御雷神《タケミカヅチノカミ》）です。

今、タケミカヅチは雷と刀剣の力を司《つかさど》る立派な神様になっていたのです。

アマテラスは会議の決定に従って、タケミカヅチを地上に使者として遣わすことにしました。そして、タケミカヅチに空を飛ぶ船『天鳥船《あめのとりふね》』を授けました。

タケミカヅチは天鳥船《あめのとりふね》に乗って、ただちに地上に向かいました。

タケミカヅチは出雲《いずも》の国《くに》（現在の島根県）の伊那佐《いなさ》の浜に降り立ちました。

「よし、地上の人々をびっくりさせてやろう」

タケミカヅチはそう言うと、腰の剣を鞘から抜き、海の波の上に切っ先を上にして立てました。そして、自分はその剣の切っ先の上に、チョコンと胡坐《あぐら》をかいたのです。

それを見た人々はびっくりして、すぐに大国主《オオクニヌシ》にその様子を報告しました。

タケミカヅチ、大国主《オオクニヌシ》と話しあう

人々から話を聞いた大国主《オオクニヌシ》は、すぐに伊那佐《いなさ》の浜までやってきました。するとタケミカヅチは大国主《オオクニヌシ》に話し始めました。

「私は、アマテラス様とタカミムスヒ様の命令で使者としてここに来ました。あなたが治めている葦原中国《あしはらのなかつくに》（日本のこと）をアマテラス様の子に譲ってもらうためです」

タケミカヅチはそう言うと、今まで地上で行われていた『力による統治』は危険なので、『人の和と信頼による統治』に切り替えるべきであることを説明しました。

「地上の新しい統治者には、天の皇太子オシホミミ様がふさわしいと思います。オシホミミ様は、アマテラス様が天界の統治者としてりっぱな教育を授けられた方です。どうですか、大国主《オオクニヌシ》様から、地上の国をオシホミミ様に譲ってはもらえませんでしょうか？」

大国主《オオクニヌシ》はおどろきましたが、冷静にタケミカヅチの話を聞いていました。たしかに、天の皇太子オシホミミが地上を治めた方がよいように思われました。しかし、ちょっと困った顔をしてこう答えました。

「実は、私はすでに隠居《いんきょ》した身で、すでに国の統治を私の子どもたちに譲ってしまいました。ですから私の一存では決められないのです」

これにはタケミカヅチも困りました、大国主《オオクニヌシ》だからこそ話しあいで解決できそうだったのに、すでに彼の子どもの時代になっていたとは。とはいえ、最初の使者を立ててからすでに十一年もたっているのです。「こんなこともあるだろうな」とタケミカヅチは気を取り直しました。

「それでは、現在、地上を統治しているあなたの子と話しあいます。それはだれですか？」

タケミカヅチがこう聞くと、大国主《オオクニヌシ》が答えました。

「私には子どもが百八十一人いますが、大きな力を持っているのはふたりです。ひとりはコトシロヌシ（八重事代主神《ヤエコトシロヌシノカミ》）ともうひとりはタケミナカタ（建御名方神《タケミナカタノカミ》）です」

タケミカヅチ、大国主《オオクニヌシ》の子どもたちと対決する

タケミカヅチはさっそくコトシロヌシとタケミナカタと話しあうことにしました。大国主《オオクニヌシ》の話では、コトシロヌシは御大《みほ》の御崎《みさき》（現在の島根県美保関）で魚や鳥を捕っているとのことでした。タケミカヅチは天鳥船《あめのとりふね》を飛ばしてコトシロヌシを迎えに行かせました。

コトシロヌシが天鳥船《あめのとりふね》に乗ってやってくると、タケミカヅチは大国主《オオクニヌシ》に話したことをもう一度話しました。コトシロヌシは話を聞いてから父の大国主《オオクニヌシ》に言いました。

「おそれ多いことです。この地上の国は天の皇太子オシホミミ様に、お譲りになるのがよろしいかと存じます」

大国主《オオクニヌシ》はフムフムと聞いていました。

コトシロヌシは、天《あま》の逆手《さかて》（呪術《じゅじゅつ》を使う時に行う拍手《かしわで》、物事を誓う時などに行う）を打つと、自分の船に乗り込み船を踏み傾けました。すると船は青い柴の垣根に変化して、その中にコトシロヌシは隠れて見えなくなってしまいました。これは、コトシ

ロヌシがたしかに地上の国をオシホミミに譲りますと誓ったことを示していました。

（現在、コトシロヌシは七福神の恵比寿《エビス》様として人々から篤《あつ》く信仰されています）

コトシロヌシから国譲りの約束を得たので、タケミカヅチがホッとしていると大きな声が聞こえてきました。

「どこのだれだか知らないが、勝手に俺の国に来てブツクサ言っているやつがいるようだが」

見ると、そこには立派な神が立っていました。しかも人が千人でかからないと動かせないような、大きな石を軽々と持って立っています。

「あれが、わが子タケミナカタです。彼がわが子の中で最も強い力を持っています」

大国主《オオクニヌシ》がタケミカヅチに紹介しました。

タケミカヅチはタケミナカタに話をしようとしましたが、タケミナカタは聞きません。

「文句があるなら力くらべをしよう」と言って、タケミナカタはタケミカヅチの腕に乱暴につかみかかりました。

ここで、タケミカヅチは術を使いました。タケミナカタが自分の腕を取ろうとした瞬間、腕を氷の柱に変化させたのです。タケミナカタはびっくりしてつかんだ腕から手を離しましたが、その時にはタケミカヅチの腕は元に戻っていました。

タケミナカタは錯覚かと思って、もう一度タケミカヅチの腕につかみかかりました。すると今度は、タケミカヅチは自分の腕を剣に変化させました。

「うっ、うわあ！」

タケミナカタはびっくりして飛びのきました。今度はタケミカヅチの番です。

「今度は、僕が君の腕を取ろう」

とタケミカヅチは言うと、すばやくタケミナカタの腕を捕まえました。タケミナカタの腕は筋骨隆々なのですが、タケミカヅチの手にかかればひとたまりもありません。やわらかな若葦をつかむように簡単に一ひねりにされてしまい、そのまま投げ飛ばされてしまいました。

タケミナカタは怖くなり逃げだしました。タケミカヅチは彼を追いかけ回します。

タケミナカタは科野《しなの》の国《くに》（現在の長野県）の州羽《すわ》の海《うみ》（現在の諏訪《すわ》湖）まで逃げていき、とうとうそこで降参しました。

「おそれ多いことです。私を殺さないでください。私はこの州羽《すわ》の海《うみ》から外には決して出ません。父やコトシロヌシの言うとおりにいたします。この地上の国は、天の皇太子オシホミミ様が統治してください」

（現在、タケミナカタはその約束を守って諏訪《すわ》湖のほとりにいます。諏訪《すわ》大社に奥さんのヤサカトメ（八坂刀売命《ヤサカトメノミコト》）と一緒にお祀《まつ》りされています。六年毎に行われている『御柱《おんばしら》の祭』はとても盛大です）

国譲り

タケミカヅチは出雲《いずも》に帰ってくると、大国主《オオクニヌシ》に言いました。

「あなたの子のコトシロヌシとタケミナカタは、天の皇太子であるオシホミミ様に国を譲ってくれると約束してくれました。大国主《オオクニヌシ》様あなたはどうですか？」

大国主は笑って答えました。

「私は、わが子コトシロヌシとタケミナカタが言ったとおりにするだけです。そして、百八十一人の子どもたちも、コトシロヌシがしっかりと統率してきちんと約束を守っていくことでしょう」

タケミカヅチはそれを聞いて喜んで言いました。

「大国主《オオクニヌシ》様、地上の統治は天の皇太子オシホミミ様が行うとしても、大国主《オオクニヌシ》様にはスサノオ様の跡を継いで黄泉《よみ》の国を統治する大切なお役目がございます。そのためにも、立派なお住まいが必要でしょう。とても長くて丈夫で立派なしめ縄を結びましょう。お宮の柱は太く、板は広く厚くいたしましょう。また、立派な田をつくってお供えします。あなたが海で楽しまれるために高い橋や浮いた橋、鳥のように早く走る船をつくりましょう。天《あま》の安《やす》の河《かわ》にかけはずしのできる橋をつくりましょう。いく重にも革を縫いあわせた白楯をつくりましょう。そして、あなたをお祀《まつ》りする役目の者として、あなたをお慕いしている天の神アメノホヒを任命します」

大国主《オオクニヌシ》はそれを聞いて満足そうにうなずきました。

話がまとまったということで、宴会を開くことになりました。宴会の料理長は川の神の孫のクシヤタマ（櫛《クシヤ》八玉神《タマノカミ》）です。

クシヤタマは鵜《う》に化けて海の中に入って赤土《はにつち》を取ってきて、それでたくさんのお皿をつくりました。そして、立派な魚の料理をつくってみなをもてなしました。

タケミカヅチはそんな地上の様子を見て、平和のうちに国譲りが行われたことを確認し、天界に戻ってそのことをアマテラスに報告しました。

オシホミミ、地上の統治をわが子ホノニニギに譲る

アマテラスはタケミカヅチからの報告を受けて、ただちにオシホミミを呼んで言いました。

「さあ、今こそ葦原中国《あしはらのなかつくに》にあなたが降りて統治する時です。出発しなさい」

するとオシホミミは言いました。

「お母様、実は地上に使者を送っている十一年のうちに私に子どもができたのです」

オシホミミは、タカミムスヒの娘ヨロズハタトヨアキヅシヒメ（萬幡豊秋津《ヨロズハタトヨアキヅ》師《シ》比《ヒ》売《メノ》命《ミコト》）と結婚して、アメノホアカリ（天火《アメノホ》明　命《アカリノミコト》）とホノニニギ（天《アメ》邇《ニ》岐《キ》志《シ》国《クニ》邇《ニ》岐《キ》志《シ》天《アマ》

津日高日子番能邇邇藝命《ツヒコヒコホノニニギノミコト》）のふたりの子どもを授かっていたのでした。

オシホミミは続けて言いました。

「このホノニニギは稲作（米づくり）の技術に長けておりますので、この子を降臨《こうりん》させれば地上の人々は幸せになれると思います。私に代えてこのホノニニギを降臨《こうりん》させてはどうでしょう」

オシホミミの提案をアマテラスは認めました。そして、孫のホノニニギを呼んで言いました。

「ホノニニギよ。豊葦原水穂国《とよあしはらのみずほのくに》（これも日本の古い呼び名）はあなたが統治すべき国です。今より降臨《こうりん》して立派に統治しなさい」

「ははっ」

アマテラスの言葉にホノニニギは元気に答えました。

サルタヒコが現れ、天の神々動揺する

さて、いよいよアマテラスの孫ホノニニギが降臨《こうりん》することが決まり、天界もその準備に大忙しとなっていた時です。

「大変だ〜」

ひとりの神が大騒ぎをしながら走ってきました。神々はその声を聞いて集まってきました。

「どうしたんだ？」

「いったい何があったんだい？」

大騒ぎしていた神は、一息ついてから話し始めました。

「地上への道の途中に『天《あめ》の八衢《やちまた》』という場所があるだろ」

「ええ。道が入りくんでて迷子になりそうな場所でしょう」

「そう、その場所に変な神様が立ってるんだよ」

その神の話では、天《あめ》の八衢《やちまた》を歩いていると、そこにとても大きくて立派な神が立っ

ていたというのです。そして、その神は上は天界の高天原《たかまがはら》を照らし、下は葦原中国《あしはらのなかつくに》まで照らすほど輝いていたといいます。

「何で、そんなところに、そんな変な神が立ってるんだ？」

「とにかく、アマテラス様に報告だ」

神々はアマテラスのいる高天原の宮殿に走っていきました。


アマテラスは神々の話を聞いていました。

「もしかしたら、国津神《クニツカミ》がホノニニギ様の降臨《こうりん》を邪魔するために、あの強そうな神を送ってきたのでは？」

「アマテラス様、みなであの怪しい神をやっつけてしまったらどうでしょう？」

それを聞いてアマテラスはびっくりして言いました。

「そんな、相手が悪い神かどうかもわからないのにそんな乱暴なことをしてはだめよ」

アマテラスはタカミムスヒと相談してウズメを呼びだしました。

アマテラスはウズメに言いました。

「ウズメ。今、私の孫ホノニニギが地上に降臨《こうりん》しようとする時に、地上への道の途中の天《あめ》の八衢《やちまた》に謎の神が現れたそうです」

ウズメは静かにアマテラスの言葉を聞いています。アマテラスは続けて言いました。

「ウズメ。あなたは、きれいでやさしいけれど、どんな相手にも気おくれしない勇気のある神です。また、物事を見定める眼力に優れています。そんなあなただからお願いするのです。あの神のところに行って次のように問いかけなさい。『天孫《てんそん》（アマテラスの孫の意味）が天を降りる道に、だれが何のために立っているのか。答えなさい』と」

ウズメの顔は厳しくなりました。大変な仕事を言いつかったと思ったからです。しかし、すぐにウズメはにっこりと笑うと元気に答えました。

「アマテラス様。そのお役目たしかにお引き受けいたしました」

「ウズメ。気をつけていくのですよ」

「お任せください。かえって力の強い神ではなくて、私のような力の弱い女神の方が相手も警戒しないで心を開くでしょう。それにこちらが礼儀をつくせば、いきなり暴力を振るってくることもないでしょう」

さっそく、ウズメは天《あめ》の八衢《やちまた》に行き、その立派な神に会いました。その神はウズメが近づくとジロリとにらんできました。

ウズメは「ウワ〜、怖そう」と思いましたが、いつもどおりニッコリ笑って話しかけました。

「私は天界の神でウズメと申します。天界の統治者アマテラス様から、あなたへの使いとしてまいりました。これからアマテラス様の言葉を伝えます」

ウズメは姿勢を正して大きな声で言いました。

『天孫《てんそん》が天を降りる道に、だれが何のために立っているのか。答えなさい』

ウズメは相手に怒鳴《どな》られるかもとドキドキしていました。

ところが、相手の態度はまったくちがいました。

「ははっ」

その神はそう返事をすると、ウズメの前に片ひざをついて頭を伏せました。そして、こう言いました。

「私はサルタヒコ（猿田毘古神《サルタヒコノカミ》）という国津神《クニツカミ》です。この度、天の皇太子が地上に降臨《こうりん》なされると聞き及びましたので、道案内をいたしたいと、ここでお待ち申し上げていた次第にございます」

「なぜまた、このような場所に？」

ウズメが聞くと、サルタヒコは答えました。

「ここは、天界から地上までの道の中で、最も迷いやすい難所だからでございます」

それを聞いてウズメは喜びました。そして、このことを大急ぎでアマテラスに報告しました。

天孫降臨《てんそんこうりん》

ついに、アマテラスの孫ホノニニギが地上に降りる日がやってきました。

アマテラスは、玉座のそばにホノニニギを呼んで座らせました。

「私の孫ホノニニギの降臨《こうりん》にあたり、彼に私の宝を託します」

アマテラスは大きな声で宣言しました。神々はどんな宝だろうとザワザワ話しあいました。

「五伴緒《いつとものお》（五人の重要な神々のこと）をここに」
アマテラスがそう言うと、五人の神様が宮殿の広間の真ん中に現れて、アマテラスの前にひざまずきました。
コヤネ（天児屋根命《アメノコヤネノミコト》）
フトタマ（布刀玉命《フトタマノミコト》）
ウズメ（天宇受売命《アメノウズメノミコト》）
イシコリドメ（伊斯許理度売命《イシコリドメノミコト》）
タマノオヤ（玉祖命《タマノオヤノミコト》）
この五人は、天《あめ》の岩戸に隠れてしまったアマテラスを導きだした時に、重要な役目を果たした神々です。まさにアマテラスの側近中の側近たちです。彼らにアマテラスが言いました。
「あなた方が私にこれまでも立派に仕えてくれたように、地上に行っても力を合わせて、ホノニニギを助けておくれ」
「三種《さんしゅ》の神器《じんぎ》をここに！」

アマテラスがそう言うと、広間に三つの宝が運び込まれました。
玉　（八尺《やさか》勾玉《のまがたま》）
鏡　（『古事記』では特に名はない、『日本書紀』では八咫鏡《やたのかがみ》）
剣　（草那芸剣《くさなぎのつるぎ》、天《あめ》のむら雲の剣のこと）
この三つの宝は、天界の危機（アマテラスが岩屋戸にこもったこと）と下界の危機（八岐《やまた》の大蛇《おろち》の出現）の時に現れた物です。
「この三つの宝は、『玉はやさしい心、おもいやりの心』『鏡は正直な心、素直な心』『剣は勇気、知恵』を表しています。そして、この三つの心をバランスよく持つことが大切です。ホノニニギはこの心を常に忘れないように、地上に持っていってこの宝をよくお祀《まつ》りしなさい。特に鏡は私アマテラスだと思って、天界で私に接していた時と同じ態度で接しなさい」
（現在、宝玉は東京都の皇居《こうきょ》（天皇陛下のお住まい）、鏡は三重県の伊勢神宮の内宮《ないくう》、剣は愛知県の熱田神宮にお祀《まつ》りされています）
「オモイカネ（常世思金神《トコヨノオモイカネノカミ》）、タヂカラオ（天手力男神《アメノタヂカラオノカミ》）、イワトワケ（天石門別《アメノイワトワケ》神《ノカミ》）をここに」

アマテラスが言うと三人の神様が広間に現れました。

アマテラスはオモイカネに言いました。

「オモイカネ。あなたはこれまでも神々の会議の議長を立派に務めてきました。これからも大切なものごとを決める時は、話しあいを大切にするようみなを導いてください」

次にアマテラスはタヂカラオとイワトワケに言いました。

「タヂカラオ、あなたは相撲《すもう》の強い神様です。イワトワケ、あなたは家の門を守る神様です。あなた方の力でホノニニギや人々を守ってあげてください」

「トヨウケヒメ（豊《トヨウ》宇《ケ》気《ヒ》毘売神《メノカミ》）をここに」

アマテラスが言うと、美しいトヨウケヒメが現れました。

アマテラスはトヨウケヒメに言いました。

「トヨウケヒメ、あなたが生まれて、神々の母イザナミはどんなにかうれしかったことでしょう。あなたは豊穣の神です。あなたも地上に行って、作物の豊作と労働の成果を人々にもたらして、ホノニニギの統治に力をかしてあげてください」

トヨウケヒメはにっこりとうなずきました。

（トヨウケヒメは現在、三重県の伊勢神宮の外宮《げくう》にお祀《まつ》りされています）


そして、アマテラスは神々に言いました。

「神々よ。私の孫ホノニニギが困った時には助けてあげてください」

神々は自分たちみなが宝であると言われて、とても喜びました。

最後にアマテラスはホノニニギのそばに行って、稲穂を手に握らせました。そして、ホノニニギをやさしく見つめてから、こう言いました。

「これらすべてが、あなたに授ける宝です。すべての宝を大切にして立派にあなたの務めを果たしなさい。そして、地上の国で、田をつくり、稲を育てて、人々みなが豊かに暮らせるよう力を尽くしなさい」

ホノニニギが立ち上がって宣言しました。

「これより、私は地上に降臨《こうりん》する。天理《てんり》（天界の考え方、方法）によって地を治め、人々を幸せにしたい。みなよろしくたのむ！」

「おぉー！」

ホノニニギの言葉に神々は歓呼の声を上げました。

するとアマテラスが祝福の言葉を言いました。

「宝祚《あまつひつぎ》の隆《さ》かえまさむこと、まさに天壌《あめつち》に窮《きわ》まり無《な》かるべし」

（アマテラスの宝（皇位）を継承する者が栄えることは、天と地とともに永遠です）

この言葉を『天壌《てんじょう》無窮《むきゅう》の神勅《しんちょく》』と言います。これはアマテラスがホノニニギと交わした大切な約束です。アマテラスがすばらしい未来を約束してくれたので、神々は喜んで大歓声を上げました。

いよいよ出発です。
先頭には、自ら道案内を申し出た地上の神サルタヒコ。続いてホノニニギ。
ホノニニギのすぐわきには強力な剣、弓矢で武装したアメノオシヒ（天忍日命《アメノオシヒノミコト》）と
アマツクメ（天津久米命《アマツクメノミコト》）のふたりの神様が護衛につきました。
その後には三種《さんしゅ》の神器《じんぎ》を捧げもって、コヤネ、フトタマ、ウズメ、イシコリドメ、
タマノオヤ、オモイカネ、タヂカラオ、イワトワケ、トヨウケヒメが続きます。そし

て、その後を八百万《やおよろず》の神々がつき従いました。

このようにして、天孫降臨《てんそんこうりん》は行われたのでした。

ホノニニギ、高千穂の嶺に降り立つ

ウズメがサルタヒコに聞きました。

「地上の国は広いですが、どこに降りましょう」

「筑紫《つくし》（現在の九州）の日向《ひゅうが》（現在の宮崎県）の高千穂の槵触嶺《くじふるたけ》がよろしいでしょう」

「わかりました。案内をよろしくお願いします」

ウズメはそう言って、ホノニニギに報告しに戻ろうとすると、サルタヒコはウズメを呼び止めました。

「あの、ウ、ウズメ殿」

「はい。何でしょう？」

サルタヒコは少し恥ずかしそうに言いました。

「この役目を果たしましたら、私は伊勢《いせ》（現在の三重県）の狭長田《さなだ》の五十鈴《いすず》の川の上流に帰ります。その時、あなたも一緒に伊勢《いせ》にいらしてほしいのです」

ウズメはサルタヒコの顔を見つめました。サルタヒコは顔を真っ赤にして続けました。

「あの、その、あなたは私がはじめてお話をした天界の神様なので、あなたに送ってもらって帰りたいのです」

「わかりましたわ。そのこともホノニニギ様におゆるしをもらいましょう」

ウズメはにっこり笑ってそう言うと、ホノニニギに報告に戻っていきました。

ホノニニギはウズメから話を聞いて、日向《ひゅうが》の高千穂に向かうことをゆるしました。

「ウズメ、今回の降臨《こうりん》にあたって、先頭に立って案内してくれているサルタヒコは、あなたの活躍で見出された尊い神です。ぜひ、彼の望みどおり役目を終えたら彼を伊勢《いせ》まで送っていってあげなさい」

「はい」

「ところで、ウズメはサルタヒコをどう思う？」

ホノニニギがウズメにそう聞くと、ウズメは頬を赤らめて答えました。

「はい。立派な方だと思います」

ホノニニギはウズメの様子を見て言いました。

「ウズメ。あなたは今後、サルタヒコの名前を自分の名前にもらいなさい。そして、私にこれまで同様に仕えてください」

これは、ホノニニギがウズメにサルタヒコとの結婚を勧めたということです。

「はい」ウズメはうれしそうに返事をすると、行列に戻っていきました。

（その後、ウズメはサルタヒコの「サル（猿）」の名前をもらって「サルメ（猿女）の君《きみ》」と呼ばれるようになりました。サルタヒコとウズメは現在、三重県の伊勢《いせ》神宮のそばの猿田《さるた》彦・佐瑠女《さるめ》神社にお祀《まつ》りされています。ちなみにサルタというのは古代琉球（沖縄）語のサダル（先導するという意味）という言葉から来ています。動物の猿とは実は関係ありません）

ホノニニギの一行は、いく重にもたなびく雲また雲を押し分けて、威風堂々と行進を続けました。そして天《あめ》の浮橋《うきはし》を通って、ついに筑紫《つくし》の日向《ひゅうが》の高千穂の槵触嶺《くじふるたけ》に到着しました。

　ホノニニギは降り立った場所から四方を眺めて言いました。

「ここは朝鮮までも見渡せ、笠沙《かさき》の御崎《みさき》（現在の鹿児島県川辺郡笠沙町の野間崎）まで一直線で行ける。朝日は輝き、夕日は照り映えるすばらしいところだ」

　ホノニニギは後ろに控えていたサルタヒコを振り返って言いました。

「サルタヒコ！　ご苦労様でした。すばらしい場所に案内してくれて、どうもありがとう」

「ははっ！　おほめいただき、ありがたき幸せに存じます」

　ホノニニギ一行はさらに山を下り、丘を越えて旅を続けました。そして、平らで豊かな土地を見つけると、そこに大きな宮殿を建てました。

（現在、天孫が降臨した地と言われている場所は二カ所あります。
①宮崎県と鹿児島県の県境の霧島山高千穂峰、現在近くに霧島神宮があります。
②宮崎県高千穂町の二上山、現在近くに高千穂神社があります。
どちらも天孫降臨《てんそんこうりん》の地にふさわしいすばらしいところです。みなさんはどちらだと思いますか？）

ウズメ、海の生き物たちを集める

無事にホノニニギ一行を地上まで案内したサルタヒコは、伊勢《いせ》に帰ることになりました。ウズメはサルタヒコについていきました。

サルタヒコの家までもうすぐのところの伊勢《いせ》の阿邪訶《あざか》（現在の三重県松阪市）につきました。するとサルタヒコが言いました。

「伊勢《いせ》の海ではおいしい海の幸がたくさんとれるんだよ」

「そうなんですか？　まあ、とてもきれいな海」

伊勢《いせ》の海はとても青く澄んでおり、日の光に波がきらきらと輝いています。

「そうだ！　魚をとってきて君に食べさせてあげる」

そう言うとサルタヒコは海の中に飛び込みました。

サルタヒコは海の底深く潜っていきました。すると海の底に今まで見たことのないほど、大きな比良部貝《ひらぶがい》（正体不明のとても大きな貝）を見つけました。

「すごく大きくておいしそうな貝だ」

サルタヒコはその貝に手をのばしました。

「うっ、うわあ！」 ぶくぶくぶく……。

サルタヒコはその貝に手をはさまれてしまったのです。貝のはさむ力は強くて手が抜けません。たちまちサルタヒコはおぼれてしまいました。


ウズメは岸にいるのですが、海の底でそんなことになっているとは思っていませんので、助けには来てくれません。

サルタヒコは必死に術を使って自分の姿を変化させました。海の底で『底どく御《み》魂《たま》』となり、水の中をぶつぶつと泡になって浮き上がる『つぶたつ御《み》魂《たま》』となり、水面でその泡がはじけ割れる『あわさく御《み》魂《たま》』となって、何とか出てきました。しかし、水の上には出たもののクタクタでそれ以上泳ぐこともできません。サルタヒコはばたばたと手で水をたたいて、沈まないようにするのが精一杯です。

ウズメは最初、サルタヒコがふざけているのだと思い笑って見ていましたが、本当におぼれていると知りびっくりして助けに行きました。そして、伊勢《いせ》の五十鈴《いすず》川の上流のサルタヒコの家まで連れて帰りました。

ウズメはサルタヒコを家まで送り届けた後、また海に戻ってきました。ウズメは海にも恐ろしい力を持った生き物がいることを知ったので、彼らにも地上の新しい統治者であるホノニニギへの協力をお願いしようと考えたのです。

ウズメは海の生き物たちを呼びました。すると、大きな魚、小さな魚、そのほか貝などたくさんの海の生き物が集まってきました。

ウズメは魚たちを自分の前に並べると言いました。

「みなさんには、これからアマテラス様の子孫にお仕えしてもらいます。わかりましたか？」

「は～い、お仕えします」

ウズメの言葉に魚たちは素直に返事をしました。ウズメはニコニコと魚たちを見まわしていました。ところが、ナマコだけは返事をしていませんでした。

「みなさんには、これからアマテラス様の子孫にお仕えしてもらいます。わかりましたか？」

ウズメはもう一度、今度はナマコをじっと見ながら言いました。するとほかの魚たちは返事をしましたが、やはりナマコだけは返事をしません。

サルタヒコがおぼれたのを心配したこともあって、ウズメは気が立っていたのでしょう。ウズメは紐のついた小刀を手にとって、ナマコに怒って言いました。

「この口か、返事をしない口は」

そして、ウズメはナマコの口を小刀で切ってしまいました。

このことがあってから後、ナマコの口はビロンビロンになっているのです。

ホノニニギ、コノハナノサクヤヒメと出会う

ホノニニギが地上での暮らしを始めてしばらくして、笠沙《かささ》の御崎《みさき》を歩いていると、とても美しい娘に出会いました。

ホノニニギは娘を一目見て気に入り、声をかけました。

「あなたはだれの娘さんですか?」

「はい、私は、山の神オオヤマツミ（大山津見神《オオヤマツミノカミ》）の娘でカムアタツ（神阿多都比売《カムアタツヒメ》）、またの名をコノハナノサクヤ（木花佐久夜比売《コノハナノサクヤヒメ》）と申します」

「あなたには、ご兄弟はいらっしゃいますか？」

「はい、姉がおります。イワナガ（石長比売《イワナガヒメ》）と申します」

ホノニニギはドキドキしながら言いました。

「あなたを私のお嫁さんにしたいのですが、あなたのお気持ちはどうでしょう」

コノハナノサクヤヒメは、顔を赤らめて言いました。

「私の一存ではお返事できません。私の父オオヤマツミがお返事いたしますわ」


ホノニニギはコノハナノサクヤヒメに連れられて、オオヤマツミの屋敷までやってきました。そして、オオヤマツミに会って自分にコノハナノサクヤヒメをお嫁さんにもらいたいと言いました。

アマテラスの孫ホノニニギから自分の娘をお嫁にしたいという申し出に、オオヤマツミはたいそう喜びました。そして、コノハナノサクヤヒメばかりか、姉のイワナガヒメも一緒にホノニニギのお嫁にしてほしいとオオヤマツミは言いました。そして、たくさんの宝物をホノニニギに贈りました。

ホノニニギはコノハナノサクヤヒメをお嫁さんにしましたが、イワナガヒメをオオヤマツミのもとに返してしまいました。イワナガヒメがたいそうみにくかったからです。

オオヤマツミは返されてきたイワナガヒメを抱いて言いました。

「私がふたりの娘を嫁に出したのには意味があったのだ。イワナガをお側におくならば、ホノニニギ殿の命《いのち》は、どのようなはげしい風雪に遭《あ》おうとも巌《いわお》のごとく永遠のものとなったであろう。そしてコノハナノサクヤをお側におけば、ホノニニギ殿の未来は木の花が咲き乱れるように栄えるであろう」

そして、オオヤマツミは残念そうに言いました。

「しかし、イワナガを返された以上、ホノニニギ殿とその子孫の命《いのち》は木の花のように脆《もろ》く儚《はかな》いものとなるであろう」

この言葉は本当のことになりました。そして、その後ホノニニギの子孫の寿命は、普通の人と同じように短くなっていったのです。

コノハナノサクヤヒメ、火の中でのお産

ホノニニギは、コノハナノサクヤヒメと結婚式を挙げて一夜をともに過ごしました。しかし、地上に降りてすぐのころでしたので、ホノニニギは仕事で出かけることが多く、次の日からホノニニギとコノハナノサクヤヒメは、ゆっくりと会うことができませんでした。

ホノニニギは毎日あちこちに出かけていっては人々に稲作《いなさく》を教えていました。田のつくり方、灌漑《かんがい》（田へ水を引く方法）のやり方、またできた作物が湿気で腐ったり、ネズミに食べられてしまったりしないように高床式《たかゆかしき》（現在の伊勢《いせ》神宮本殿のような建物）の倉庫にお米をたくわえておく方法などです。お米はおいしくて栄養豊富、しかもたくわえておくことができます。これで一年を通じて食べ物に困らなくてすむと、人々は大喜びでホノニニギの教えに従って稲作《いなさく》にはげんでいました。

そして、しばらくしたある日のこと、コノハナノサクヤヒメがホノニニギのところ

にやってきてうれしそうに言いました。

「ホノニニギ様。私、子どもを身ごもりました。もうすぐ生まれてきます」

ホノニニギはおどろきました。コノハナノサクヤヒメは続けて言いました。

「そして、私、夢を見ましたの。すると夢で子どもたちが私に言うのです。『お父さんが知らないうちに僕たちを産んではいけません』って」

ホノニニギは子どもができたと聞いて喜びましたが、ふっと考えました。コノハナノサクヤヒメとは、たった一晩だけ一緒に過ごしただけで、その後長い間別々に暮らしていたのです。

ホノニニギは不安になってつぶやきました。

「サクヤ……、たった一晩過ごしただけで、子どもを宿すことがあるだろうか」

コノハナノサクヤヒメはびっくりして叫びました。

「それでは、この子たちは私が別の神との間につくった子だと言うのですか？」

コノハナノサクヤヒメは、ホノニニギの胸を叩いて泣きました。

しかし、コノハナノサクヤヒメのお腹の子が、本当はホノニニギの子ではないのではと疑う者は、ほかにもたくさんいました。ホノニニギ以外が父親だとしたらどうなるでしょう。もし疑いが晴れぬまま、その子に地上の統治を引き継いだ場合、ホノニニギの子どもであると信じる人々とホノニニギの子どもではないと信じる人々との間で戦争になって、この世は大混乱になってしまうでしょう。

ホノニニギは、頭の中が真っ白になってしまいました。


そんな、ホノニニギの様子を見てコノハナノサクヤヒメは決意しました。それはお産に際して、決死の覚悟で身の証《あかし》を立てようとしたのです。

コノハナノサクヤヒメは産屋《うぶや》を建ててもらいました。そして、お産が近づくとたったひとりでその中に入り、戸に土を塗ってふさいでしまいました。

ホノニニギやほかの神々がおどろいて産屋《うぶや》のまわりに集まってきました。中からコノハナノサクヤヒメが言いました。

「ホノニニギ様。もしこのお腹の子があなたの子ではなかったら、この子も私もこの産屋《うぶや》の中で死ぬでしょう。あなたの子なら、無事に生まれてあなたのもとにまいります」

そう言うと、おどろいたことにコノハナノサクヤヒメは産屋《うぶや》に火を放ちました。

ホノニニギはコノハナノサクヤヒメを産屋《うぶや》から出そうとしますが、土でふさがれた戸はまったく開きません。そのうちに火は見る見るうちに燃え上がり、もう手のほどこしようがありません。ホノニニギもほかの神々も、燃え上がる産屋《うぶや》の前でうろうろするだけです。

お産が始まったのでしょう。中からコノハナノサクヤヒメの苦しそうな叫び声が聞こえてきました。しばらくすると赤ちゃんの泣き声が聞こえてきました。

どかっ、ぼろぼろ、どっしゃーん。

ついに産屋《うぶや》は燃えながら崩れていきました。

ホノニニギは崩れた産屋《うぶや》に飛び込んでいきました。そして、焼け跡の中にコノハナノサクヤヒメと子どもたちを見つけました。

「サクヤ、サクヤ」

ホノニニギはコノハナノサクヤヒメを抱きしめました。ほかの神々も焼け跡の中に入ってきて、燃え残った柱や壁をどかし始めました。

「ごらんになって。あなたの子です。みな無事に生まれたのよ」
ぐったりとしながら、コノハナノサクヤヒメはホノニニギに言いました。ホノニニギは大きくうなずきながら、妻と子を抱きしめました。

この時に生まれた子は三人いました。火が最も激しく燃え上がっている時に生まれた子は、ホデリ（火照命《ホデリノミコト》）と名づけられました。次に生まれた子は、ホスセリ（火須勢理命《ホスセリノミコト》）と名づけられました。そして、火が消えるころに生まれた子は、ホオリ（火遠理命《ホオリノミコト》）と名づけられました。

コノハナノサクヤヒメのこの決死のお産に立ち会ったことで、ホノニニギはもちろんほかのすべての神々が、彼女の産んだ子はホノニニギの子にまちがいないと思いました。

あのような火の中で母も子も無事ですんだのは、コノハナノサクヤヒメに天の皇子《みこ》の母としての不思議な力があるからだと考えたからです。

しかし、疑われたコノハナノサクヤヒメは怒ってしまったらしく、後にホノニニギはこんな歌を残しています。

沖津藻《おきつも》は　辺《へ》には寄《よ》れども　真床《さねとこ》も　能《あた》うかもよ　浜津千鳥《はまつちどり》よ
(沖に漂う藻は岸辺に寄ってくるのに、私の妻は寄ってもこない。私の寝る場所もつくってくれない。いつもおしどりでいる浜千鳥がうらやましい)

海幸彦《ウミサチヒコ》と山幸彦《ヤマサチヒコ》

その後ホノニニギとコノハナノサクヤヒメは仲直りをして、幸せに暮らしました。子どもたちもスクスクと育ちました。

産屋《うぶや》の燃える火が一番強い時に生まれたホデリは、海での漁が上手《じょうず》だったので『海幸彦《ウミサチヒコ》』と、みなから呼ばれていました。

産屋《うぶや》の燃える火が消えそうな時に生まれたホオリは、山での狩りが上手《じょうず》だったので『山幸彦《ヤマサチヒコ》』と、みなから呼ばれていました。

ある日、山幸彦《ヤマサチヒコ》のホオリが海幸彦《ウミサチヒコ》の兄のホデリに言いました。

「ねえ、兄さん。僕の弓矢と兄さんの釣り道具を交換しようよ。僕も海で魚を釣ってみたいんだ」

ホデリは弟からのたのみを断りました。

しかし、ホオリはあきらめられずに兄に三度も道具の交換をねだりましたので、とうとうホデリは道具の交換に応じました。

兄から借りた釣り道具を持って、ホオリは大喜びで海辺に行って釣りを始めました。

しかし、釣りなんて初めてやったのでまったく釣れませんでした。それどころか、とうとう釣り針を魚に取られてしまいました。

ホオリはがっかりして家に戻りました。兄のホデリも山から帰ってきていました。

ホデリも何も獲ることはできなかったようです。

「まったく。だから、道具の交換は嫌だったんだ。ほら弓と矢を返すよ」

と言うと、ホデリはホオリの足元に弓と矢を投げ返しました。

「僕の方も何も獲れなかったんだ」

そして、申しわけなさそうに言いました。

「実は、兄さんから借りた針を失くしちゃったんだ。ごめんなさい」

ホデリはそれを聞いてとても怒りました。

ホオリは自分の剣をつぶして五百本の釣り針をつくって返そうとしましたが、ホデリは受け取りません。

ホオリは千本の釣り針をつくって返そうとしましたが、ホデリは受け取りません。失くした釣り針を返さない限り、絶対にゆるさないと言うのです。

ホオリは釣り針を探すために泣きながら海辺に向かいました。しかし、広い海のことです。しかも、たくさんいる魚のうちのだれが、釣り針を持っていったかなどわかるわけがありません。

ホオリは途方にくれて海辺に座り込んで泣いていました。

ホオリ、海神の宮殿に行く

ホオリが海辺で泣いているところにおじいさんがやってきました。そして、心配して声をかけてきました。

「だれかと思えば、天の皇子《みこ》のホオリ殿ではござらぬか。立派なご身分の方がどのようなわけで泣いているのじゃな？」

声をかけてきたのは潮路（海流）を司《つかさど》る神のシオツチ（鹽椎神《シオツチノカミ》）でした。

ホオリは今までのことを泣きながらシオツチに話しました。シオツチは同情しながら聞いていました。そして聞き終わってからシオツチがホオリに言いました。

「ホオリ殿。あなた様が釣り針を見つけられるよう、よいところに案内してさしあげますのじゃ」

ホオリは泣きはらした目でシオツチを見つめました。

シオツチは細い竹を編んで船をつくりました。そして、ホオリをこの船に乗せました。

「ホオリ殿。ワシは今からこの船を沖に押し流します。さすればよい潮路に乗って、魚のウロコでつくられたようなキラキラと光るきれいなお宮に着きなさります。そこは、海の神ワタツミ（綿津見神《ワタツミノカミ》）の宮殿ですのじゃ。そのお宮の門に着きましたら、そのそばの井戸の上にかかる桂の木がございます。その上に立って海神の娘が出てくるのをお待ちになりなされ」

そう言うと、シオツチはホオリの乗った竹かごの船を押しだしました。

ホオリはびっくりして言いました。

「あの、おじいさん。海神の娘が出てきたらその後どうするの？」

それを聞いてシオツチは、ゆかいそうに笑って言いました。

「ふぉほほほほほ。そこから先はホオリ殿のご器量次第ですのじゃ」

船は潮路に乗ったらしく、どんどん沖に出てとうとう岸が見えなくなってしまいました。そして、ずいぶんと時間がたったころ、シオツチが言ったとおりの美しい宮殿が見えてきました。

ホオリ、トヨタマヒメに出会う

宮殿の門まで着くとホオリは、井戸とそのそばによく枝と葉が茂った桂の木が生えているのを見つけました。ホオリはさっそく船を降りると桂の木に登りました。

しばらく木の上で待っていると、門から玉《ぎょく》（きれいな石のこと）でできた器を持った娘が出てきました。ホオリは黙って娘を見ていました。

娘は井戸のところに行き、器で井戸の水をくもうとしました。すると井戸の底の水に、きれいな男の子の顔が写っていたのです。娘はびっくりして上を見上げました。するとそこには木の上の枝にホオリが座っていました。

すると娘はビックリしてその場から逃げようとしましたので、ホオリは何とかしなくてはと思い言いました。

「娘さん、のどが渇いているんです。水をくれませんか」

娘はおそるおそる、水が入った器をホオリに差しだしました。

器を受け取ったホオリはその水を飲まずに、自分の首にかけていた首飾りの宝玉をはずして、いったん口の中に入れてからまた出しました。そして器の中の水につばを入れました。それから先ほど口の中から出した宝玉を器に入れると、術がかかって宝玉が器にくっついて離れなくなりました。

ホオリはその器を娘に返しました。娘は宝玉を力いっぱい引きはがそうとしましたが取れません。びっくりしてホオリの顔を見ると、門の中に走っていきました。

そこへ、海神ワタツミの娘トヨタマヒメ（豊玉比売）がやってきました。娘はトヨタマヒメにお仕えする侍女だったのです。

娘はトヨタマヒメに門の外の井戸で起こったことを話して、宝玉がくっついた器を見せました。そして言いました。

「トヨタマヒメ様。あれはたいそう立派な神様にちがいありません。だって井戸のそばの木に神様が降臨《こうりん》するっていう言い伝えがありますもの。実際、その男の方はとても美しくて、私たちの王ワタツミ様より立派なお姿なんですよ」

話を聞いたトヨタマヒメは、大急ぎで門の井戸のところに行ってみました。すると本当にきれいな男の子がいたので、びっくりして宮殿の奥にいる父ワタツミのところまで走っていって叫びました。

「お父様、わが家の門のところに、とてもうるわしい神様がいらしてます」

それを聞いたワタツミはあわてて門を出て井戸のところに来ると、桂の木を見上げました。そして、びっくりして大声で叫びました。

「うっ、うわー、たっ、大変だ」

びっくりしているワタツミのまわりにトヨタマヒメをはじめ、多くの海の神々と魚たちが集まってきました。

「何とおそれ多い。トヨタマヒメ、この方は、天の皇子《みこ》であらせられるぞ」

「え？　えぇー？」

宮殿中が大騒ぎになってしまいました。

ホオリ、釣り針を見つける

ワタツミはホオリを宮殿の中に招き入れました。

ワタツミはアシカの皮の畳を八枚重ねて敷き、その上にさらに絹畳を八枚重ねて敷いた上にホオリを座らせました。そしてたくさんの宝物をホオリに贈った上で宴会を始めました。

三年もの間、ホオリはワタツミの大切なお客人として海の宮殿で暮らしていました。その間にトヨタマヒメと親しくなって結婚しました。

ホオリとトヨタマヒメは何不自由なく幸せに暮らしていたのです。

「あーぁ」

ある夜のことです。ホオリが大きなため息をつきました。その姿を見ておどろいたトヨタマヒメは、泣きながら父ワタツミのところに走っていきました。

「お父様、わ〜ん」

ワタツミはびっくりして、トヨタマヒメを抱きしめました。

「トヨタマや、どうしたのかね？　ホオリ殿とケンカでもしたのかい？」

すると、トヨタマヒメは泣きじゃくりながら言いました。

「三年の間、ずっとホオリ様は楽しそうにしてらっしゃいました。それが、今夜になってとても深いため息をつかれたのです。きっと私との生活にお飽きになって、地上の国にお帰りになりたくなったのにちがいありません」

そこで、ワタツミはホオリを呼んで聞いてみることにしました。

「……というわけで、娘のトヨタマが心配して泣いているのです。ホオリ殿、もし悩みごとがありましたなら、ぜひ打ち明けてくださらぬか」

ホオリは兄の釣り針をなくしてしまい、ゆるしてもらえないことを話しました。

「今まで楽しくて、ずっと忘れていたのですが、昨夜急に思いだして悲しくなっていたのです」

娘が嫌われていたのではないことを知り、ワタツミは喜びました。そして、このようにホオリに言いました。

「ホオリ殿、ご心配めされるな。私どもがその釣り針を探しだしてみせましょう」

ワタツミはただちに海のすべての生き物たちに、宮殿の広場に集まるよう御触《おふ》れを出しました。

「ホオリ殿。失くされた釣り針の形などをくわしく教えてくださらぬか」

ホオリは釣り針の絵を描いて、どのような金属でできているかなどくわしくワタツミに話しました。

そのうちに、宮殿の広間に魚たちがどんどん集まってきました。魚たちはお互いに「何だろうね?」などと話しあっていました。

広間の壇上にワタツミとホオリとトヨタマヒメが登りました。それをきっかけにして広間はシーンと静まりました。ワタツミが大声で言いました。

「みなの者、参集ごくろうである。今日はみなにこの釣り針を探してもらいたい」

そう言うとワタツミは釣り針の絵をみなに見せ、釣り針についてのくわしい情報を話しました。

「それでは、みなの者。釣り針を探してここに戻ってきてほしい。たのんだぞ」

「おぉー」

魚たちは元気に返事をして、宮殿から飛びだしていきました。

ホオリは何万もの魚たちが出発していくのを見て、これなら見つけてもらえるかもと期待しました。


夕方になって魚たちは戻ってきました。次から次と報告が入りますが、いっこうに釣り針発見の報はありません。ホオリはだんだん不安になってきました。ホオリの心配そうな顔を見てトヨタマヒメが魚たちに言いました。

「まだ、見つからないのですか？」

「……」

トヨタマヒメの言葉にだれも返事をしません。

とうとう最後の魚が報告しましたが、見つからないとのことでした。

「信じられない。これだけ探して見つからないことがあるのか？」

ワタツミはがっかりして言いました。

すると、魚たちの中からざわざわと声がし始めました。ワタツミは怒って言いました。

「みな、何を騒いでいる」

すると魚たちが言いました。

「あの〜。ここに来ていない魚がいるんです。赤鯛です」

魚たちの話ではこうです。赤鯛はここのところずっと、のどの病気でご飯も食べられずに、家の中で寝たきりだというのです。

それを聞いてピンときたワタツミは、赤鯛を宮殿に連れてくるよう魚たちに言いつけました。

魚たちはすぐに赤鯛の家に行き、のどが痛くてからだがだるいから行きたくないという赤鯛を背負って宮殿に連れてきました。

「赤鯛よ、こっちに来て口を開けてみなさい」

赤鯛は口を大きく開けてトヨタマヒメに見せました。トヨタマヒメは喜んで声を上げました。

「お父様、ホオリ様、ありましたわ。釣り針がありましたわ」

赤鯛ののどの奥に釣り針が引っかかっていました。トヨタマヒメはすぐに赤鯛ののどから釣り針をはずすと、きれいな水で洗ってからホオリに返しました。ホオリは大喜びで釣り針を受け取りました。

「ありがとう、ありがとう」

ホオリはワタツミやトヨタマヒメ、そして魚たちにお礼を言いました。

ホオリがお礼を言っている横では、三年ぶりに病気がなおったと言って赤鯛も喜んでいました。

ホオリ、地上に帰り兄に釣り針を返す

ホオリは、みなに見つけてもらった釣り針を兄に返すために、地上に戻ることにし

ました。

ワタツミはなるだけ早くホオリが帰れるように、ワニ（サメのこと）たちを呼んで、どのくらいで行ってこられるか聞きました。みなそれぞれ自分なら何日で行けると答えましたが、一尋鮫《ひとひろわに》（一尋《ひとひろ》は昔の長さの単位で一メートル半から二メートル弱くらい）が自分なら一日で行けると言いましたので、ワタツミは一尋鮫《ひとひろわに》にホオリを乗せていくように言いつけました。

一尋鮫《ひとひろわに》の背中に乗ってうれしそうにしているホオリに、ワタツミは言いました。

「ホオリ殿。お帰りになりましても、兄上には油断めされるな」

ホオリはおどろいてワタツミを見ました。ワタツミは続けて言いました。

「よいですか。こんなに広い海で失くした一本の釣り針を探しだして返せなどと命令なさる兄上は、とんでもなく意地悪な方です。今後もあなた様への嫉妬で嫌がらせをするに決まっています。そこでこうしてください」

ワタツミは二つのことを言いました。

一つは、釣り針の返し方です。ホオリが兄のホデリに釣り針を返す時には「この針は、悲しみの針、怒れる針、貧乏な針、愚かな針」と呪文を言ってから、後ろ手で返しなさいとのことでした。

もう一つは、田の耕作についてです。もし、地上に戻って田をつくる場合、兄が高いところに田をつくったら、ホオリは低いところに田をつくること。逆に兄が低いところに田をつくったら、ホオリは高いところに田をつくるようにとのことでした。そして、今後三年間は水をコントロールする力のあるワタツミがホオリの田には水を送るが、兄の田には水が行かないようにすると言うのです。

こう言うとワタツミは、二つの宝玉をホオリに手渡して言いました。

「いいですか、これであなたの兄上があなたにした意地悪を反省すればよし、かえってあなたを殺そうとでもした時には兄上を徹底的にこらしめなさい」

ワタツミは宝玉を指さしながら言いました。

「その時には、まずシオミツダマ（鹽盈玉）を使って兄上をおぼれさせなさい。そして、兄上が反省したらシオヒルダマ（鹽乾玉）を使って助けておあげなさい」

ホオリは海神の宮殿から一尋鮫《ひとひろわに》の首にまたがって、ワタツミ、トヨタマヒメそして大勢の魚たちに見送られて地上へ向けて出発しました。そして、一尋鮫《ひとひろわに》は猛スピードで泳いで、約束どおり一日でホオリを地上に送り届けました。

（ホオリが海から戻ってきて上陸したと言われている場所は、現在の宮崎県宮崎市の青島というところで、そこには青島神社があります）

ホオリは自分を運んできてくれた一尋鮫《ひとひろわに》に言いました。
「お世話になりました。どうもありがとう」

そして、自分が持っていた紐つきの小刀の紐を外して、「この小刀を君にプレゼントするよ」と言って手渡しました。小刀をもらった一尋鮫《ひとひろわに》は喜んで海の宮殿に帰っていきました。

これにより、一尋鮫《ひとひろわに》は、サヒモチノカミ（佐比持神：刀のような歯を持った暴れん坊の神という意味）という神様になりました。

ホオリは三年前に住んでいた家に行き、兄のホデリにあいさつをしました。そしておどろくホデリに、釣り針をワタツミに教えてもらったように言ってから後ろ手で返しました。

呪いのかかった釣り針を受け取ったホデリは、漁に出てもぜんぜん魚が釣れません。ワタツミがホデリの釣り針に海の魚たちがかからないようにしたからです。そのために、ホデリはどんどん貧乏になっていきました。そして、ワタツミが予言したとおり、ホデリは自分の意地悪なことは反省せずに、ホオリを憎みました。そしてホデリはホオリの命《いのち》を狙うようになったのです。

そこで、ホオリはシオミツダマを使いました。するとみるみるうちに海水が満ちあふれてきて、ホデリをおぼれさせてしまいました。

「たっ、助けてくれ。もう意地悪はしないよ〜」

ホデリが泣いてゆるしをこいましたので、ホオリはシオヒルダマを使いました。すると、あれだけ満ちあふれていた海水が見る見るうちに引いていきました。

やっとのことで助かったホデリは、頭を何度も地面につけてお辞儀《じぎ》をしてホオリに謝りました。

「今まで、意地悪をしてすまなかった。おわびに私はこれからずっと、あなたの身辺を昼夜分かたずお守りする役目につきます」

（その後、ホデリは隼人《はやと》と呼ばれる民族の先祖となり、宮廷の門を守る役目を果たすのです。また、隼人舞《はやとまい》という踊りは、ホデリがシオミツダマによっておぼれた時の仕草《しぐさ》（体の動きや顔の表情）を伝えたものと言われています）

トヨタマヒメ、地上に来てお産をする

ある日突然、トヨタマヒメが海から地上のホオリのところにやってきました。

「トヨタマ、どうしたの？」

ホオリがおどろいて聞くと、トヨタマヒメがうれしそうに言いました。

「あなたの子どもを身ごもったのです。そして、父が言いますには地上の人の子どもは、海の中で生んではいけないとのことですので、こうしてあなたのもとにまいりましたの」

ホオリはそれを聞いてとても喜びました。そして、海のそばにさっそく産屋《うぶや》を建て始めました。産屋《うぶや》の屋根は海辺の鵜《う》の羽でふきました。

ところが、産屋《うぶや》の屋根がふき終わらないうちに、トヨタマヒメは産気づいてしまいました。もうすぐ赤ちゃんが生まれるのです。

トヨタマヒメはまだでき上がっていない産屋《うぶや》の中に入って、お産の準備に入りました。そして、戸を閉める前にホオリを呼んでこう言いました。

「私はこれからお産をします。そこでお願いがあります。私がいいと言うまで産屋《うぶや》の中に入ってはいけません。決して、私のお産の間の姿は見ないでください。きっと約束を守ってくださいね」

そう言って、トヨタマヒメは産屋《うぶや》の中に入り戸を閉めました。

ホオリが産屋《うぶや》の外で待っていると、トヨタマヒメの苦しそうな声が聞こえてきました。ホオリは心配しながらじっと待っていましたが、とてもとても長く感じられました。そして、とうとうがまんできなくなって、まだでき上がっていない産屋《うぶや》の隙間《すきま》から中の様子を見てしまいました。

「……」

ホオリは息をのみました。そこには美しいトヨタマヒメの姿はなく、かわりに八尋《やひろ》鮫《わに》(ものすごく大きいサメのこと)が腹ばって、蛇のようにからだをウネウネさせていたのです。

ホオリは、頭の中が真っ白になって何も考えられなくなり、その場から逃げだしました。

しばらくして、トヨタマヒメの声がしました。

「ホオリ様。私たちの子どもが生まれましたわ。どうぞ抱いてあげてください」

ホオリはびくびくしながら産屋《うぶや》に入り、トヨタマヒメと子どもを見ました。そこにいたのは、いつもの美しいトヨタマヒメでした。また子どももかわいい男の子です。

ホオリは子どもを抱いてみました。どう見ても普通の姿です。

何となくよそよそしいホオリの様子を見て、トヨタマヒメはハッとして言いました。

「あなた、お産の時の私の姿を見てしまったのね」

ホオリは知らないふりをしましたが、すぐにばれてしまいました。

「私は海の世界の住人なので、お産の時に私は海の世界での本当の姿になってしまっていたのです……」

「トヨタマ、ごめんよ。もう二度と約束は破らないから、ゆるしておくれ」

ホオリは一生懸命トヨタマヒメに謝りましたが、ゆるしてもらえません。

「本当の私の姿を知られた以上、恥ずかしくてもうあなたと顔を合わせることはできません。私はこの子を海から通って育てようと思っていましたが、それももうできません」

トヨタマヒメは泣きながらそう言うと、生まれたばかりの子どもをホオリにあずけて、海の道をふさいで海神の宮殿に帰ってしまいました。

ホオリは泣いてトヨタマヒメを呼びましたが、もう返事はありませんでした。そして、海の道はふさがれてしまったので、これ以降、地上の国から海神の宮殿に行くことはできなくなってしまいました。

ホオリは、この時に生まれた男の子にウガヤフキアエズ（天津日高日子波限建鵜草《アマツヒコヒコナギサタケウガヤ》葺不合命《フキアエズノミコト》）と名づけました。

（ウガヤフキアエズが生まれたと言われている場所には現在、鵜戸《うど》神宮《じんぐう》（宮崎県日南市）があります）

ホオリのもとに女の子がやってくる

ウガヤフキアエズが生まれてからしばらくたちました。ホオリはウガヤフキアエズを大切に育てましたので、元気にすくすくと大きくなっていきました。しかし、お母さんがいないので、人々はみなウガヤフキアエズをかわいそうに思っていました。

そんなある日、ホオリが住む高千穂の宮にひとりの小さな女の子がやってきました。門番がホオリにそのことを知らせてきましたので、ホオリはすぐにその子を自分の部屋に通すように言いました。

女の子が部屋の中に入ってきました。ホオリが近くに来るようにと言うと、テクテクと歩いてきました。ホオリは女の子の顔をよく見ました。どことなく海に帰ってしまった妻のトヨタマヒメに似ています。

ホオリが女の子に声をかけようとすると、隣の部屋でウガヤフキアエズが大声で泣き始めました。女の子はスッと隣の部屋に走っていきました。

ホオリが女の子を追って隣の部屋に行くと、女の子はウガヤフキアエズを抱き上げていました。するとあれだけ大声で泣いていたウガヤフキアエズは泣きやんで、ニコニコと女の子にほほえんでいました。

「お前は、私のいとしい妻トヨタマヒメかい？　子どもの姿になってわが子に会いに来てくれたのかい？」

すると、女の子は首を横に振りました。そしてこう答えました。

「あたしはトヨタマ姉様の妹のタマヨリ（玉依比売《タマヨリヒメ》）です」

そう言うと次の歌を歌いました。

赤玉は　緒《お》さえ光れど　白玉の　君が装《よそい》し　貴くありけり
（赤い宝玉はそれをつなげている緒《お》までも光り輝いて美しいけれど、白い宝玉のようなホオリ様をとても貴く思っています）

「これはトヨタマ姉様がホオリ様のことを歌った歌です。トヨタマ姉様は、今でもホオリ様をお慕いしています。そして、この子のことをとても心配なさっているのです。でも、ホオリ様に自分の本当の姿を見られてしまったので、姉様は恥ずかしくてここには来られないのです」

それを聞いてホオリは目を閉じました。そして、まぶたの奥に浮かんでくる美しいトヨタマヒメに向かって心の中で謝りました。

タマヨリヒメはホオリに言いました。

「あたし、トヨタマ姉様から言い遣ってここに来たんです。姉様のかわりにこの子の面倒をみてね、って言われて。それで来たんです」

そう言うと、タマヨリヒメはウガヤフキアエズを『高い高い』をしてあやしました。

するとウガヤフキアエズは、「きゃっきゃっ」とはしゃぎました。

そんなふたりの姿を見てホオリは歌を歌いました。先ほどのトヨタマヒメの歌にホオリが答えた歌です。

沖《おき》つ鳥《どり》　鴨著《かもど》く島《しま》に　我《わ》が卒寝《いね》し　妹《いも》は忘《わす》れず　世《よ》のことごとに
（遠い海のかなたにある、鴨《かも》が飛んでくる島で、私と一緒に眠った、かわいいトヨタマヒメのことを、私は一生忘れないよ）

その後、ホオリはトヨタマヒメのことを想いながら、高千穂の宮で五百八十年の生涯を送りました。

トヨタマヒメの妹のタマヨリヒメは、姉からの言いつけを守ってウガヤフキアエズを、ある時は母のように、ある時は姉のように育てました。そして、ウガヤフキアエズが立派な皇子《みこ》に成長した時には、タマヨリヒメもトヨタマヒメそっくりのすてきな女性になっていました。そして、ふたりはいつのころからか恋人同士となり、その後結婚して仲よく幸せに暮らしました。

ウガヤフキアエズとタマヨリヒメの間には子どもが四人生まれました。名前は次のとおりです。

イツセ（五瀬命《イツセノミコト》）

イナヒ（稲氷命《イナヒノミコト》）

ミケヌ（御毛沼命《ミケヌノミコト》）

ワカミケヌ（若御毛沼命《ワカミケヌノミコト》）

ワカミケヌは、またの名をカンヤマトイワレビコ（神倭伊波禮毘古）と言います。

ワカミケヌはずっと後に、高千穂（現在の宮崎県）から遠く遠く東に向かったところの畝傍《うねび》の橿原《かしはら》（現在の奈良県畝傍《うねび》山の東南の地）に都《みやこ》をつくり、初代の天皇陛下として即位され神武《じんむ》天皇となられるのです。

この時をもって日本の歴史は『神代《かみよ》（神々の時代）』を終わり人間の時代にバトンタッチします。そして神武天皇から今上《きんじょう》天皇（現在の天皇陛下）まで百二十五代もの立派な歴史が続いて、今、みなさんが暮らしているこの豊かな日本があるのです。

おまけのページ

日本の神話どうでしたか？

この後もお話は続きます。そして現在の日本人は神話に出てくる神々の子孫ということになっています。みなさんのご先祖はどの神様なんでしょう？　おもしろいですね。

神話の終わりに第一代目の天皇陛下、神武《じんむ》天皇（ワカミケヌ）がお生まれになりましたね。

天皇陛下だなんて、ずいぶんと縁遠い方だし、自分とは関係ないと思うでしょう。ところが、そうとばかりは言えないのですよ。

こんなふうに考えてみましょう。あなたに親はふたりいるでしょう？　お父さんとお母さんの親は何人いますか？　おじいさんとおばあさんがそうだから四人ですね。さらにおじいさんおばあさんの親は何人いますか？　四の倍になるから八人ですね。

さらにその親は何人いますか？　八人の倍ですから十六人ですね。このようにどんどん過去にさかのぼっていくと、すごくたくさんの先祖がいたことになりますよ。

でも、変ですね、実際には昔は日本人の数は少なかったんですよ。今は一億二千万人くらいです。二百年前は三千万人でした。二千年前には六十万人くらいでした。もっと昔、つまり、この神話の時代にはもっともっと日本人の数は少なかったのです。

それなのに、ご先祖を数えていくと逆にたくさんいたことになる。これはどういうことなのでしょう。

これは、日本人のご先祖は過去のどこかでお互いに親戚《しんせき》関係になっているということを示しています。つまりみなさんのご先祖と天皇陛下のご先祖が、親戚《しんせき》だったかもしれないということです。

だから、この神話は天皇陛下のご先祖のお話であるのと同時に、みなさん一人ひとりのご先祖のお話でもあるのです。

日本人はこの神話を何千年もの間、親から子へ語り継いできました。それは自分自身のご先祖のお話だから、熱心に子どもに話して聞かせたのでしょう。

みなさん、ここでおもしろいことに気がつきませんか？

天皇陛下とみなさんは過去のどこかで親戚《しんせき》だったかもしれないのですよね。

天皇陛下はアマテラスやスサノオの子孫ですよね。

アマテラスはイザナギとイザナミの子どもですよね。

日本の国土や自然もみなイザナギとイザナミの子どもでしたよね。

ということは、日本の人も国土も自然もみんなみなさんの親戚《しんせき》だということになります。不思議ですよね。

「そんなバカな」と思いますか？

たしかに変なお話ではあります。石ころや草や木とも親戚《しんせき》だなんて！

しかし、日本人のご先祖が未来のみなさんに伝えたかった『願い』がこのお話からわかります。

「みんな同じ神様から生まれた兄弟なんだ。みんな同じように命《いのち》を持っているんだよ。だからお互いに仲よくしてね！　国土や自然を大切にしてね！」

そして、みなさんが自分の子どもたちにこの神話を語り継ぎ、その子どもたちがまたその子どもたちにこの神話を語り継いでいくなら、これから何千年もの未来の日本人に、何千年も前のご先祖の日本人からの『願い』が伝えられていくのです。

あとがき

この本は、小見出し毎にだいたい三分間くらいで読めるようになっています。一日一回、子どもと一緒に布団に入ったり、くっついたりして、小見出しを一つか二つ読んであげた後で、子どもの質問に答えたり、話し合ったりして十分間くらいコミュニケーションをとったら、「はい、今日はここまで、また明日」としてみてはいかがでしょうか。内容や文章の表現にあえて難しいものも一部盛り込みましたが、大人が読み聞かせることで、五歳以上なら物語がほぼ理解できるくらいに書きました。

「日本の神話」が綴られている『古事記』や『日本書紀』は、約千三百年前に編纂されましたが、どちらもその時に作られた物語ではないのです。『古事記』の序文にもあるように、その頃すでに「日本の神話」はそれぞれの家毎にさまざまに語り伝えられ、オリジナルの物語がどういうものかわからなくなりかけている状態でした(そのさまざまな語られ方をしていた物語を整理して一本のお話にして書き残したのが『古事記』、整理して一本のお話を示しつつ、他にもこんな言い伝えもあると他のお話も一緒に書き残したのが『日本書紀』)。

これはオリジナルのお話ができてから、相当の歳月が経過し、多くの人に語り継がれていたという証拠です。文字の無い時代からずっと語り継がれてきたということでしょう。では、いつから？　弥生時代？　縄文時代？　石器時代？　さっぱり私にはわかりません。でも想像してみてください。一万年前の竪穴式の住居の中で、毛皮か何かの寝具に親と子がくるまってこのお話をしていたかもしれないのですよ。
遠い過去から「親から子に語り継ぐ」ことによって「日本の神話」は現在まで伝えられました。そして、遠い未来まで「親から子に語り継ぐ」ことによって「日本の神話」が伝えられていってほしい。そう願っています。

おわりに、この本の出版にあたりお世話になった方々にお礼を申しあげます。
幻冬舎ルネッサンスの前平様。とても親身になってご指導くださいました。
桑原様。登場人物のイメージぴったりの素敵なイラストを描いていただきました。
杉崎様。麻子ちゃん。圭太君。みんなの応援でここまでできました。
そして、この本を手に取って読んでくださった皆様。
本当に、本当にありがとうございました。

平成二十年四月　伊東利和

〈著者紹介〉
伊東利和（いとう としかず） 1964年生まれ。東京都大田区出身。麻布大学環境保健学部卒業後、大田区に入庁。保健所職員として環境衛生監視、食品衛生監視に従事。2008年に退職。子どもの時から世界各地の神話に興味を持つ。今は日本の子どもたちに日本の神話が伝えられていくことを願っている。

この作品は2008年5月幻冬舎ルネッサンスより刊行された『親から子へ語り継ぎたい日本の神話』を改題したものです。

やさしい心を育てる 日本の神話
2016年8月25日 第1刷発行

GENTOSHA

著　者　伊東利和
発行者　見城 徹

発行所　株式会社 幻冬舎
〒151-0051 東京都渋谷区千駄ヶ谷4-9-7

電話:03(5411)6211(編集)
03(5411)6222(営業)
振替:00120-8-767643
印刷・製本所:中央精版印刷株式会社

検印廃止

ISBN978-4-344-02989-7 C0095
幻冬舎ホームページアドレス http://www.gentosha.co.jp/

この本に関するご意見・ご感想をメールでお寄せいただく場合は、comment@gentosha.co.jpまで。